中国城市可持续发展绿皮书

中国35个大中城市可持续发展评估

韩传峰 何芳 著

2017—2018 ANNUAL GREENBOOK for SUSTAINABILITY of 35 BIG CITIES in CHINA

同济大学出版社
Tongji University Press

内 容 简 介

本书秉持生态文明思想，立足时代和学术前沿，理论与实践紧密结合，系统构建城市可持续发展评估的全新理论与分析框架。从生态文明发展半球和生态投入半球出发，构建可持续发展两个半球的脱钩发展理论和CSBD发展模式理论，并以此为基础，运用DEA和Malmquist模型，系统评估中国35个大中城市可持续发展的生态投入指数、生态文明发展指数、可持续发展效率及其变动，深入分析城市可持续发展模式及改进路径，并进一步解析典型城市可持续发展实践。

本书面向政府部门的治理实践者、国际组织的理念传播者、高校和科研院所的学术研究者，以及相关业界的求索学习者，既是理想的城市可持续治理培训教材，又是极具价值的阅读参考书。

图书在版编目（CIP）数据

中国城市可持续发展绿皮书：中国35个大中城市可持续发展评估.2017—2018/韩传峰，何芳著.—上海：同济大学出版社，2019.12
 ISBN 978-7-5608-8944-3

Ⅰ.①中… Ⅱ.①韩…②何… Ⅲ.①城市经济—可持续发展—评估—中国—2017-2018 Ⅳ.①F299.2

中国版本图书馆CIP数据核字（2019）第286275号

中国城市可持续发展绿皮书（2017—2018）

韩传峰 何 芳 著

| 责任编辑 | 翁 晗 | 责任校对 | 徐春莲 | 封面设计 | 思樘设计 |

出版发行	同济大学出版社　www.tongjipress.com.cn
	（地址：上海市四平路1239号　邮编：200092　电话：021-65985622）
经　　销	全国各地新华书店
排　　版	南京文脉图文设计制作有限公司
印　　刷	上海安枫印务有限公司
开　　本	787 mm×1092 mm　1/16
印　　张	8.25
字　　数	206 000
版　　次	2019年12月第1版　2019年12月第1次印刷
书　　号	ISBN 978-7-5608-8944-3
定　　价	118.00元

本书若有印装质量问题，请向本社发行部调换　　版权所有　侵权必究

《中国城市可持续发展绿皮书》编委会

主　　　任　韩传峰　何　芳

副 主 任　杜　娟　孟令鹏　张宗彝　许　洁

编委会委员　韩传峰　何　芳　杜　娟　孟令鹏
　　　　　　　许　洁　张宗彝　张　超　马　杰
　　　　　　　谭　敏　崔　晓　胡意翁　刘嘉容
　　　　　　　瞿世欣　曾浩艺　宋府霖　冶子璇
　　　　　　　娜菲莎·乃比江　　　黄政坛
　　　　　　　米日努尔·麦麦提江　张明皓

序言一

可持续发展目标(Sustainable Development Goals,SDGs)是2015年9月由全世界各国首脑于纽约联合国总部一致同意批准的,标志着人类对发展模式进行探索的里程碑式转型。与联合国千年发展目标(Millennium Development Goals,MDGs)相比,SDGs不仅关注贫困、教育和健康问题,更增加了对实现包容性社会、促进经济增长、保护环境与生态系统、应对气候变化、资源的可持续利用以及人们的生产、生活消费方式等问题的关注。可以说,可持续发展走过了由侧重环境保护,到兼顾经济发展,最后统筹考虑社会包容的路径。也可以说,经济发展、社会包容、环境保护"三位一体"是SDGs的重要内容。

生态文明建设已上升为中国的国家战略。2012年11月,党的十八大做出"大力推进生态文明建设"的战略决策,"建设生态文明,实质上就是要建设以资源环境承载力为基础、以自然规律为准则、以可持续发展为目标的资源节约型、环境友好型社会。"2015年5月,《中共中央国务院关于加快推进生态文明建设的意见》发布。2015年10月,十八届五中全会召开,中国政府兼顾短期利益与长远目标,提出了"创新、协调、绿色、开放、共享"的五大发展理念,作为党和国家发展目标的思想指引。其中,加强生态文明建设首度被写入国家五年规划。2017年10月,十九大报告将生态文明提升到"建设生态文明是中华民族永续发展的千年大计"高度,提出"加快生态文明体制改革,建设美丽中国"。2019年10月,十九届四中全会公报,将"坚持和完善生态文明制度体系,促进人与自然和谐共生"作为十五个重大决定之一。

生态文明延续中国几千年"天人合一""道法自然"的思想,把自然生态同人类文明联系起来,是继西方工业文明(或商业文明)后人类的一个崭新的文明形态,是人类文明发展进步的方向。作为人类文明发展的最新阶段,生态文明就是扬弃原始文明、农业文明和工业文明阶段的优势和不足，既要继承传统文明阶段的淳朴性、勤勉性、进取性，也要克服盲目性、依赖性、掠夺性，是理性、绿色、平衡、和谐的集合。生态文明建设是统筹推进"五位一体"总体布局和协调推进"四个全面"战略布局的重要内容，要融入经济建设、政治建设、文化建设和社会建设的各方面和全过程，推动形成生产发展、生活富裕和生态良好的现代化建设格局。从这个意义上，中国生态文明建设的目标比联合国提出的可持续发展目标更高、更深、更全面。

生态文明建设把经济社会的绿色转型作为实现生态环境目标的途径，更加重视政治发展和制度建设对可持续发展的作用，同时注重发展目标与环境目标的平衡性和融合性。生态文明的内涵包括两方面。一方面，坚持尊重自然、顺应自然、保护自然的基本理念，把人类活动控制在自然能够承载的限度内，实现人与自然和谐发展。另一方面，正确处理经济发展与生态保护的关系，经济发展是所有发展中国家的关键问题和主要诉求，生态保护则是实现可持续发展的前提，二者同等重要、不可偏废。因此，生态文明强调彻底转变传统的发展理念和模式，经济发展与环境代价必须脱钩，要克服把保护生态与发展生产力对立起来的传统思维，努力实现经济社会发展与生态环境保护的"共赢"。

《中国城市可持续发展绿皮书（2017—2018）》（以下简称《绿皮书》）是同济大学可持续发展与新型城镇化智库的重要研究成果，自2013年已出版4期，以崭新的视野和翔实的数据，评估中国35个大中城市可持续发展水平。本次《绿皮书》关注城市可持续发展与生态文明，也可以说是生态文明思想下的城市可持续发展内涵、效率、优化路径等的系统集成，很好地体现了"美丽中国"的生态文明建设目标。

《绿皮书》既有理论高度，又有实践深度，基于研究团队长期对城市可持续发展内涵的思考，赋予了城市可持续发展新的时代特征，以图文并茂的方式详细直观地展现了不同城市可持续发展效率变化及改进路径，可读性较强。本书不仅对政府城市管理部门的决策者具有很好的实践指导意义，对生态环境等领域的决策者和研究人员也具有重要的理论参考价值。当然，对所有关注该领域的人士也有参考意义。

世界自然保护联盟总裁兼理事会主席
生态文明贵阳国际论坛秘书长
联合国教科文组织理事会原主席
2019年12月

序言二

《中国城市可持续发展绿皮书(2017—2018)》(以下简称《绿皮书》)即将出版,对此表示祝贺。2013年我带领研究团队出版了第1本《绿皮书》,尝试用我们提出的生态福利绩效和城市发展两个半球的理论与方法研究城市可持续发展,对中国城市可持续发展的绩效进行评估,研究路径得到了联合国环境规划署和学术界同行的肯定。6年过去了,随着联合国全球可持续发展目标(SDGs)和人居三《新城市议程》(NUA)的提出,全球对城市可持续发展的重视达到了新的高度,我们有关城市可持续发展的研究也有了新的进展。对韩传峰教授带领团队继续这项有探索意义和现实价值的工作,我深感欣慰!

国际上,可持续发展是联合国通过的全球发展战略,得到世界各国认可,被认为是解决全球问题的金钥匙。在中国,生态文明建设被纳入中国特色社会主义现代化建设五位一体的总体布局,并且渗透于经济、政治、社会、文化建设中。2019年10月召开的十九届四中全会将生态文明制度体系建设列为中国国家治理体系和治理能力现代化的重要内容。中国的生态文明与可持续发展有许多共同语言,被联合国认为是实施全球可持续发展的中国方式,是对可持续发展理念的伟大探索和重大实践,为其他国家应对经济、社会和环境挑战提供了中国方案和经验借鉴。

《绿皮书》把城市生态文明与可持续发展结合起来,基于生态投入和生态文明发展两个指数,从指数排名、效率评估、发展模式及改进路径等多角度阐释中国35个大中城市可持续发展的状态和特征,同时增加了时间序列分析和典型案例分析。我曾经提出,中国特色的生态文明是要追求有绿色竞争力的C模式。这是不同于西方发展模式且有跨越型意义的发展目标,如果能够实现,就意味着我国有可能用低于发达国家的人均生态足迹达到发达国家的现代化水平。《绿皮书》用可持续发展理念分析解读中国城市的生态文明,在研究中国城市绿色发展 C 模式的理论和实践方面进行了新的探索。

  本书凝聚了同济大学研究团队长期的理论思考和研究积累,也是同济大学可持续发展与新型城镇化智库的代表性成果。希望该书一如既往得到学术机构、政府部门、企事业单位、社会组织、国际组织的关注,共同推进我国的生态文明建设进程。

同济大学特聘教授
同济大学可持续发展与管理研究所所长
2019 年 12 月

执行摘要

2013—2016年,《中国城市可持续发展绿皮书》按年度连续出版了4期,深受政府部门、研究机构、国际组织、企事业单位及相关业界人士的广泛关注和好评。在当前国家生态文明建设和可持续发展战略深入推进背景下,考虑学术交流和经济社会发展需求,同济大学可持续发展与新型城镇化智库重新启动绿皮书研撰。

本书在既有研究基础上,进一步深化可持续发展理论基础,改进可持续发展评估方法,丰富可持续发展评估指标体系,深入解析典型城市可持续发展实践。核心内容体现在以下5个方面。

(1) 理论深化。生态文明建设是国家治理体系的重要组成部分,与我国新型城镇化和经济社会发展进程密切相关。党的十八大报告把生态文明建设纳入中国特色社会主义事业总体布局,明确了生态文明建设的战略地位。习近平总书记更是精准凝练提出"绿水青山就是金山银山""加快形成节约资源和保护环境的空间格局、产业结构、生产方式、生活方式,把经济活动、人的行为限制在自然资源和生态环境能够承受的限度内"等生态文明思想。为此,本书拓展两个半球理论内涵,用生态文明发展半球和生态投入半球作为理论框架,构建可持续发展两个半球的脱钩发展理论、CSBD发展模式理论,并以此为基础运用DEA和Malmquist模型,构建了可持续发展评估体系,包括5个方面:①城市可持续发展生态投入指数和生态文明发展指数评估;②城市可持续发展两轴-四区分类评估;③城市可持续发展效率评估;④城市可持续发展效率变动评估;⑤城市可持续发展模式及改进路径分析。

(2) 指标丰富。秉持生态文明思想,在人类发展维度上增加社会和谐、环境进步维度,扩充既往研究中的人类发展指数(Human Development Index,HDI)至包含绿化、医疗、城乡收入差距等环境社会方面的相关指标,构建生态文明发展指标体系,并用生态文明发展指数（Ecological Civilization Development Index，ECDI）表征生态文明发展半球。以资源消耗指标和污染排放指标构建生态投入指数（Ecological Input Index，EII）表征生态投入半球。提出两个半球的脱钩发展理论，建立统一的 ECDI 和 EII 综合分析框架，以全面研判和系统把握城市生态文明发展半球与城市生态投入半球的特征，综合反映经济社会与生态环境可持续发展状态。

（3）应用创新。为更好评估城市可持续发展效率变化，本书在既往研究的基本评估内容基础上，增加了时间序列动态分析内容，运用 DEA 理论下经典 SBM 模型测算 Malmquist 指数来评估城市可持续发展效率变动状况，补充并全面采集 2011—2017 年共 7 年数据，对我国 35 个大中城市可持续发展效率变化进行动态评估和全景式描绘，以全面准确把握变化态势。本书数据主要来自《中国统计年鉴》、《中国城市统计年鉴》、《中国环境统计年鉴》以及 35 个城市的统计年鉴，数据来源权威且广泛。对于无法从年鉴中获取的数据，通过查找相关城市政府部门颁布的规划、报告等官方文件获取，包括《国民经济与社会发展统计公报》《国民经济和社会发展第十三个五年规划》《社会事业发展第十三个五年规划》《教育事业发展统计公报》《教育事业发展第十三个五年规划》《教育事业发展中长期规划》《城市环境状况公报》等。同时，全面系统采集连续 7 年的数据，为城市可持续发展的动静态评估奠定坚实基础。

（4）实证发现。中国城市可持续发展既不能重复"先污染、后治理"的传统 A 模式，也不能陷入"不顾自身发展需求，盲目降低生态投入"的 B 模式。本研究一直倡导中国城市发展应在资源与环境双重压力下走 C 模式发展路径，从生态投入与城市福利增长两个维度，新型产业化、新型城镇化及新型现代化三个领域，以及经济、技术、管理三个方面入手，努力实现社会福利增长与生态投入脱钩。可喜的是，研究结果显示，2012 年以来我国 35 个大中城市在生态文明发展中呈现出竞跑式发展特征，青岛、长沙、郑州、成都、长春实现从低生态投入低生态文明发展状态跨越式迈入低生态投入高生态文明发展状态。这说明只要目标科学、内容明确、制度合理、行动有力，城市可持续发展的 C 模式完全可以实现。

基于实证分析结果，对我国 35 个大中城市可持续发展模式提出以下建议：石家庄、哈尔滨、重庆、北京、济南、大连、天津、福州、沈阳、西安、海口、兰州等实施在生态投入不超过阈值前提下，努力提高生态文明发展水平的 C 模式；杭州、上海、深圳、贵阳、广州、合肥、呼和浩特、南京、乌鲁木齐、厦门、太原、银川等实施基于现有生态文明发展水平，大幅减少生态消耗的 B 模式；南昌、西宁、昆明、宁波、武汉等实施提高质量、扩大规模的 D 模式；已经处于低生态投入高生态文明发展状态的青岛、南宁、郑州、长沙、成都、长春等城市，实施在可持续发展区间持续优化的 S 模式，避免不进则退。

（5）案例分析。青岛和长沙两市分别通过践行生态文明理念、实现新旧动能转换、实施可持续治理等措施，有效降低城市资源消耗与污染排放投入，提高生态文明发展水平，成功实现由低生态投入低生态文明发展状态到低生态投入高生态文明发展状态的转型，走出了一条城市可持续发展 C 模式的典型路径。案例研究结果也进一步表明，本书构建的理论体系与实证结果具有重要的理论意义和实践价值。

Executive Summary

Annual Greenbook for Sustainability of 35 Big Cities in China was published every year from 2013 to 2016, drawing wide attention and acclaim from government departments, research institutions, international organizations, enterprises and public institutions, and scholars in related areas. Under the background of implementation of ecological civilization construction and sustainable development strategy, Tongji University Sustainable Development and New-Type Urbanization Think-Tank restarts the research of this greenbook in order to encourage academic exchanges and meet economic and social development needs.

Based on previous research achievements on sustainable urban development, in this new release we deepen the theoretical basis, improve the evaluation methods, and enrich the evaluation index system, as well as analysis typical cities' practices in further. The core contents of this new greenbook include the following five sections.

(1) Deepening of theory. Promoting ecological civilization is an important component of China's governance system, and it has close ties with new-type urbanization and economic and social development in China. ecological civilization was included in the overall plan for building socialism with Chinese characteristics in the report of 18th CPC National Congress and defined as a strategic content. President Xi Jinping, general secretary of the Communist Party of China (CPC) Central Committee, developed important thoughts on ecological civilization such as "Lucid waters and lush mountains are invaluable assets", "developing spatial layouts, industrial structures, and ways of work and life that help conserve resources and protect the

environment, and limiting economic activities and human behaviors within the carrying capacities of natural resources and ecological environment", etc. Accordingly, we further developed the theory of "two hemispheres" and built a theoretical framework consists of ecological civilization development hemisphere and ecological hemisphere, and form a theory of "decoupling" and "two hemispheres" for sustainability and the CSBD development model. By using the DEA and Malmquist index efficiency evaluation methods, we build a sustainable development evaluation framework, which consists of five components: ① sustainable urban development ecological input index and ecological civilization development index evaluation; ② sustainable urban development classification evaluation by four quadrant analysis; ③ sustainable urban development efficiency evaluation; ④ sustainable urban development efficiency change evaluation; ⑤ sustainable urban development model analysis and improvement approaches analysis.

(2) Enrichment of index. Firmly holding the concept of ecological civilization, we build an ecological civilization development index system by adding new dimensions of social harmony and environment progress in addition to the dimension of human development this year. The contents of Human Development Index (HDI) are expanded by adding some environmental and social indexes including urban afforestation, medical care, urban-rural income gap, etc. We use Ecological Civilization Development Index (ECDI) to reflect the urban development hemisphere and Ecological Input Index (EII) formed by resources consumption and pollution discharge to reflect the urban ecological hemisphere, and put ECDI and EII into an integrated framework under the theory of "decoupling" and "two hemispheres" of development, aiming to make comprehensive evaluations and judgements for the state of urban development hemisphere and urban ecological hemisphere, which fully reflect the status and characteristics of economic, social, and ecological systems.

(3) Innovation of applications. For better evaluation for sustainable urban development efficiency change, we add time series dynamic analysis based on previous evaluation methods, for evaluating status of the sustainable urban development efficiency change by the classical SBM DEA model of Malmquist index. Meanwhile, upon seven years' data collected from 2011 to 2017, we make dynamic evaluations and panoramic views for sustainable urban development efficiency change for 35 big cities in

China, so as to grasp the trend of changes in a comprehensive and previse way.

(4) Empirical findings. Sustainable urban development should neither repeat the traditional Mode A of "pollution first, and clean up later", nor be plunged into the Mode B of "reduce ecological input regardless of development needs". We always propose to take the Mode C for urban development in China under the dual pressures of resources and environment. It means to make great efforts to realize the decoupling between the increasing social welfare and ecological input by economic, technological and management measures, in the fields of new-type industrialization, urbanization and modernization. We are pleased that our research results show that competitive features appeared among 35 big cities in ecological civilization development since 2012, and we found that some cities realized development by leaps and bounds from "low ecological input and low ecological civilization development" to "low ecological input and high ecological civilization development", such as Qingdao, Changsha, Zhengzhou, Chengdu and Changchun. It proves that the Mode C is quite achievable provided that there are scientific objectives, clear contents, reasonable regulations and vigorous in actions.

Based on the empirical findings in our results, we propose the following suggestions for sustainable urban development plans for 35 big cities in China. There are 12 cities which should take the Mode C for improving ecological civilization development on the assumption that their ecological input is within the boundaries, such as Shijiazhuang, Harbin, Chongqing, Beijing, Jinan, Dalian, Tianjin, Fuzhou, Shenyang, Xi'an, Haikou and Lanzhou. There are 12 cities which should take the Mode B with significant reduction in ecological consumption based on present level of ecological civilization development, such as Hangzhou, Shanghai, Shenzhen, Guiyang, Guangzhou, Hefei, Huhhot, Nanjing, Urumqi, Xiamen, Taiyuan, and Yinchuan. There are 5 cities which should take Mode D with improvement in quality and expansion in scales, such as Nanchang, Xining, Kunming, Ningbo, and Wuhan. There are 6 cities which should keep continuous optimization in the sustainable development boundaries of Mode C, ensuring their status as "low ecological input and high ecological civilization level" and avoiding moving backward, such as Qingdao, Nanning, Zhengzhou, Changsha, Chengdu, and Changchun.

(5) Case study. Acting on the understanding of ecological civilization, realizing

transition from old to new economic development mode, and implementing measures of sustainable governance, Qingdao and Changsha have effectively lowered urban resources consumption and pollution discharge, and improved the level of ecological civilization development. Both of the two cities realized the transition from "low ecological input and low ecological civilization level" to "low ecological input and high ecological civilization level", which represents the typical path of Mode C for sustainable urban development. The case studies further show the analysis framework and empirical results in this book are of great theoretical significance and practical value.

目　录

序言一 .... 章新胜
序言二 .... 诸大建

执行摘要
Executive Summary

上篇　理　论　篇

1　城市可持续发展与生态文明 .... （3）
  1.1　国际城市可持续发展行动进展 .... （3）
  1.2　中国特色的可持续发展目标和框架 .... （6）
  1.3　中国特色的可持续发展行动 .... （8）
  1.4　生态文明建设与可持续发展 .... （9）

2　城市可持续发展评估理论与方法 .... （11）
  2.1　评估理论与模型 .... （11）
    2.1.1　评估理论 .... （11）
    2.1.2　评估模型 .... （13）
  2.2　评估体系构建 .... （15）
    2.2.1　指数评估 .... （15）

2.2.2　两轴-四区分类评估 …………………………………………（18）
　　2.2.3　效率评估与改进路径 ………………………………………（19）
　　2.2.4　效率变动评估 ………………………………………………（19）
　　2.2.5　发展模式及改进方式 ………………………………………（20）
2.3　评估方法与工具 …………………………………………………（24）
　　2.3.1　数据包络分析(DEA)方法 …………………………………（24）
　　2.3.2　Malmquist 模型 ……………………………………………（27）
2.4　指数与指标数据采集与处理 ……………………………………（27）
　　2.4.1　城市生态文明发展指数(UECDI)及指标处理 ……………（27）
　　2.4.2　城市生态投入指数(UEII)及指标处理 ……………………（32）

中篇　中国 35 个大中城市可持续发展评估

3　中国 35 个大中城市可持续发展指数排名与解读 …………………（39）
3.1　城市生态投入指数排名及分析 …………………………………（39）
　　3.1.1　城市生态投入指数排名 ……………………………………（39）
　　3.1.2　城市生态投入水平分级 ……………………………………（41）
　　3.1.3　城市生态投入分项指标分析 ………………………………（44）
　　3.1.4　城市生态投入指数区域分析 ………………………………（52）
3.2　城市生态文明发展指数排名及分析 ……………………………（54）
　　3.2.1　城市生态文明发展指数排名 ………………………………（54）
　　3.2.2　城市生态文明发展水平分级 ………………………………（56）
　　3.2.3　城市生态文明发展分项指标分析 …………………………（57）
　　3.2.4　城市生态文明发展指数区域分析 …………………………（60）

4　中国 35 个大中城市可持续发展两轴-四区分类与解读 …………（62）
4.1　城市可持续发展两轴-四区分类 …………………………………（62）
4.2　城市可持续发展四区解读 ………………………………………（63）
　　4.2.1　Ⅰ区:低投入低产出型城市及解读 …………………………（63）
　　4.2.2　Ⅱ区:低投入高产出型城市及解读 …………………………（64）
　　4.2.3　Ⅲ区:高投入高产出型城市及解读 …………………………（64）

目录

  4.2.4 Ⅳ区:高投入低产出型城市及解读 （64）
 4.3 城市可持续发展四区演化轨迹分析 （65）
  4.3.1 四区演化总体状况与类型划分 （65）
  4.3.2 "稳投入-增产出"型演化轨迹 （66）
  4.3.3 "减投入-稳产出"型演化轨迹 （67）
  4.3.4 "稳投入-稳产出"型演化轨迹 （68）
  4.3.5 其他类型演化轨迹 （69）

5 中国35个大中城市可持续发展效率排名与解读 （71）
 5.1 城市可持续发展效率排名 （71）
 5.2 城市可持续发展效率分级 （74）
 5.3 城市可持续发展效率区域分析 （76）
  5.3.1 东中西部效率分析 （76）
  5.3.2 城市集群效率分析 （77）
 5.4 城市可持续发展效率优化方向 （78）

6 中国35个大中城市可持续发展效率增长排名与解读 （80）
 6.1 城市可持续发展效率增长排名 （80）
 6.2 城市可持续发展效率变化分类 （82）
 6.3 城市可持续发展效率变化区域分析 （83）
  6.3.1 基于八大综合经济区视角 （83）
  6.3.2 基于八大综合经济区的城市效率变化分析 （84）

7 中国35个大中城市可持续发展路径优化 （86）
 7.1 城市可持续发展模式选择 （86）
  7.1.1 Ⅰ区城市选择C"扩容"模式 （87）
  7.1.2 Ⅱ区城市选择S"优化"模式 （87）
  7.1.3 Ⅲ区城市选择B"提质"模式 （88）
  7.1.4 Ⅳ区城市选择D"提质+扩容"模式 （88）
 7.2 城市可持续发展改进路径 （88）
  7.2.1 Ⅰ区城市改进路径 （88）

7.2.2　Ⅱ区城市改进路径 （90）
7.2.3　Ⅲ区城市改进路径 （91）
7.2.4　Ⅳ区城市改进路径 （93）

下篇　城市可持续发展典型案例

8　中国典型城市可持续发展实践 （97）
8.1　践行生态文明理念，推进可持续发展 （97）
8.2　加快新旧动能转换，实施可持续治理 （98）
8.2.1　青岛市主要举措 （98）
8.2.2　长沙市主要举措 （100）
8.3　可持续发展典型项目 （102）
8.3.1　青岛市典型项目 （102）
8.3.2　长沙市典型项目 （104）

表索引 （106）
图索引 （107）
中英文术语对照表 （109）

上 篇

理 论 篇

1 城市可持续发展与生态文明[1]

城市是人类发展的引擎,也是可持续发展的重要载体。城市在人口增长、城镇化及工业化快速发展的同时,面临着资源约束趋紧、环境污染严重、生态系统退化的严峻态势,威胁着可持续发展进程。当前,超过一半的世界人口分布在城市中,随着城市化和人口总数的增长,预计30年后70%的人将居住在城市[2]。实现城市可持续发展,既要推动经济增长,也要兼顾政治、社会、文化和生态文明等多个方面,离不开城市发展模式和治理方式的重大转变。联合国《2030年可持续发展议程》把可持续城市和社区作为可持续发展目标之一,如何达到城市经济、生态、社会、文化等领域永续维持理想状态,是落实《2030年可持续发展议程》城市可持续发展目标亟待解决的核心问题。

1.1 国际城市可持续发展行动进展

1987年世界环境与发展委员会在《我们共同的未来》报告中第一次阐述了可持续发展的概念:"可持续发展是能够满足当前需要又不危及下一代满足其需要的能力的发展。"

进入21世纪以来,生态、环境、资源等可持续发展的重要性日益得到全世界的承认,可持续发展已成为全球长期发展的指导方针。在联合国主导下,各国通过转变经济发展模式,逐步推进各具特色的可持续发展战略。

2000年9月,联合国千年首脑会议上,世界各国领导人一致通过了一项旨在将全球贫困水平在2015年之前降低一半(以1990年水平为标准)的行动计划,即联合国千年发

---

[1] 本章部分内容和信息来源于政府文件、报纸、网络报道等。
[2] http://www.unesco.org/new/zh/culture/themes/culture-and-development/culture-for-sustainable-cities/.

展目标(MDGs)。MDGs是世界各国领导人承诺将共同实现的、致力于提升各国人民福祉的发展计划。

2002年9月,在南非约翰内斯堡举办的可持续发展世界首脑会议上,通过了《约翰内斯堡可持续发展承诺》和《可持续发展世界首脑会议执行计划》。

2010年欧盟制定了《欧洲2020战略》,以应对全球及欧盟地区面临的经济、社会、环境等方面的挑战,推动欧洲实现智能、可持续和包容发展。2011年,欧盟委员会以综合的方式提出了欧洲城市可持续发展的愿景,认为未来的欧洲城市是社会高度进步的区域,是发扬民主、开展文明对话以及尊重多样性差异的平台,是绿色、生态的环保城市。

2012年6月,在巴西里约热内卢举行的"里约+20"峰会,是继1992年联合国环境与发展大会及2002年南非约翰内斯堡可持续发展世界首脑会议后,国际可持续发展领域举行的又一次大规模、高级别会议。与会各方围绕"可持续发展和消除贫困背景下的绿色经济"和"促进可持续发展机制框架"两大主题,讨论了包括就业、能源、城市、粮食、水、海洋和减灾在内的七大重要领域的可持续发展问题。大会最终达成了题为《我们憧憬的未来》的成果文件,该文件展示了未来可持续发展的前景,对于确立全球可持续发展方向具有重要指导意义。

2015年9月,联合国可持续发展峰会通过了《2030年可持续发展议程》,发布了全球在减贫、健康、教育、环保等17个领域的可持续发展目标(SDGs),希望到2030年全球实现经济发展、社会包容与环境的可持续性。SDGs是对MDGs的继承、延续和深化,两者是不可分割的整体,并兼顾了经济、社会和环境等可持续发展的3个方面,目标的实现需要各国政府共同面对全球性发展问题,推动全球范围的可持续发展。

2015年12月,巴黎气候变化大会达成了《巴黎协定》,设定将全球气温上升限制在1.5℃以内的共同目标。《巴黎协定》的实施有助于推动建立合作共赢的全球气候治理体系。

2016年5月,联合国人居署发布了《2016年世界城市状况报告》,其主题是"城市化与发展:新兴未来"。报告指出,目前排名前600位的主要城市中居住着五分之一的世界人口,对全球国内生产总值的贡献高达60%。如果不进行适当的规划和管理,迅速的城镇化会导致不平等、贫民窟和气候变化灾难性影响的增长,应通过一个全新的城市议程进一步释放城市的变革力量,推进可持续的城市发展。

2016年10月,第三届联合国住房和城市可持续发展大会上,通过了指引未来20年城市可持续发展的《新城市议程》。《新城市议程》是落实城市可持续发展的重要基石,是各国政府积极参与和共同建设可持续发展的、包容的、安全的、高效的城市行动指南。

2018年12月,在波兰卡托维兹举行的联合国气候大会就如何计算减排数量、落实气候资金等议题展开了"马拉松式"的谈判,制定了《巴黎协定》实施细则,为2020年以后各国应对气候变化的行动奠定基础。

2018年联合国首届"国际可持续发展大会"上发布了致力实施SDG11[①]的《可持续城市和社区评价标准、管理体系、实施纲要》(简称SUC可持续城市与社区指南),为发展中国家建设符合国际最高标准的可持续城市与社区、实现SDG11提供明确指引。

2019年7月,联合国发布了《2019年可持续发展目标报告》,评估《2030年可持续发展议程》涵盖的17个可持续发展目标的落实进展。该报告指出,可持续发展目标确立4年以来,世界在消除极端贫困等领域取得了积极进展,但气候变化以及发展不平等问题仍是当今世界面临的两大主要挑战。气候变化的影响以及国家内部和国家之间不平等的加剧正在破坏可持续发展议程的落实进展。

城市的多样性决定了不同的国家在城市化进程中采取的城市可持续发展模式的多样性。纽约、伦敦、东京和巴黎等国际城市以可持续发展思想指导城市建设实践,从目标计划制定到具体标准使用,再到各项政策和措施落实,形成了城市可持续发展建设从蓝图到现实的各具特色的有效实践路径。

纽约可持续发展实施路径。纽约于2007年颁布了《更绿色、更美好的纽约——2030纽约规划》(PlaNYC2007),主要解决城市人口增长问题和基础设施需求,并提出了涉及经济、基础设施、环境和社会等领域的可持续发展目标,针对各个领域的问题分别制定不同的法规和计划,实施了一系列相互联系、相互渗透的具体措施。PlaNYC2011深化了2007版中的措施,加强了对城市环境稳定性和社区宜居性的承诺。PlaNYC2013颁布了一系列的政策来支持城市灾后重建,提出城市为适应气候变化影响所应采取的策略,包括如何应对海平面上升和极端气候事件。纽约于2019年颁布了《纽约2050,只有一个纽约》,相较于《更绿色、更美好的纽约——2030纽约规划》,是应对危机的综合解决方案。从活力的民主、包容的经济、活力的社区、健康的生活、公平卓越的教育、宜人的气候、高效的出行和现代的基础设施8个方面,为纽约提供了问题的破解之道。

伦敦可持续发展实施路径。21世纪以来伦敦前后颁布了四版《伦敦规划》,可持续发展理念贯穿始终。第一版《伦敦规划》(2004)主要应对交通拥堵、商务成本上升、住房短缺、社会两极分化和环境污染等问题,期望通过建立强有力多元化的经济体系、提升社会包容性和改善环境等3方面措施,将伦敦树立为示范性可持续性全球化城市。第二版《伦敦规划》(2008)延续了2004版规划的主要目标与政策,针对气候变化、人口和经济持续增长的新趋势,提出了加强基础设施投资建设和应对气候变化两个重要内容。《伦

---

① 联合国2030年可持续发展目标第11项:城市和社区可持续发展。

敦规划》(2011)颠覆了前两版规划的"总体—分区"框架,提出"追求质量"的可持续增长目标,直接辅以"地方、人、经济、气候、交通、场所"六大主题策略。《伦敦规划》(2016)对住房建设容量、能源消耗、污染排放和停车标准等内容依据新的规范进行了调整①。从四版规划的主题、目标和内容可以看出,伦敦的可持续发展目标逐步走向以人为本的宜居性,可持续发展的实施机制也实现了"从上而下的空间技术管制"到"从下而上的社会合作治理"的方向性调整。

东京可持续发展实施路径。东京以可持续发展的理念协调城市建设与城市环境关系,先后制定了《东京都环境管理计划》《东京都地球环境保护行动计划》和《东京都环境基本条例》,规定了一系列环境保护的基本措施。2014年以建设"世界一流大都市——东京"为目标的《东京都长期发展规划》发布,把实现可持续发展作为东京未来发展的基本目标之一。2017年9月东京制定了最新版城市总体规划,题为《都市营造的宏伟设计——东京2040》(简称"东京2040")。该规划体现了鲜明的人本立场,以人口趋势为背景,以解决"人"的问题为导向,借助社会变革与技术革新为城市活动带来的多样性,在"安全城市""多彩城市""智慧城市"3个发展愿景的指引下,充分地将可持续发展战略的理念与行动结合起来,打造"每个东京居民"都变得更好的生活状态。

巴黎可持续发展实施路径。在城市发展进程中,巴黎多次经历大规模城市更新改造,依然保持了传统城市风貌的继承与发展,这在很大程度上得益于其以保护为导向的城市规划编制和精细化的城市规划管理,更与广泛的社会共识、有效的技术手段以及严格的管理制度密切相关。"大巴黎计划"是自2014年开始实施的巴黎城市建设新规划,遵循3个原则:以限制温室气体排放的《京都议定书》为准则的可持续发展规划、交通网络重组,以及消除巴黎郊区的封闭状态。法国希望通过大巴黎计划,在未来10~20年间将巴黎建成一座全世界仰慕的城市,即一座创造的城市、一座革新的城市、一座充满凝聚力的城市。

1.2 中国特色的可持续发展目标和框架

1992年6月,在巴西里约热内卢召开的联合国环境与发展大会上,中国政府作出了履行《21世纪议程》等文件的庄严承诺。1994年,中国在国际上率先制定和公布了《中国21世纪议程》,提出中国可持续城市的目标:建设规划布局合理,配套设施齐全,有利工

---

① 陈阳.21世纪伦敦可持续发展路径演变——基于四版《伦敦规划》的分析[J].建筑与文化,2017(02):195-197.

作,方便生活,住区环境清洁、优美、安静,居住条件舒适的城市。《中国21世纪议程》是中国实现可持续发展的行动纲领,是中国可持续发展总体战略、计划和对策方案,为中国政府制定国民经济和社会发展中长期计划提供了政策框架。

过去十几年,中国城镇化发展由速度型向质量型转型,经济结构已经从过度依赖粗放型制造业迅速转向低碳型服务业。21世纪以来,中国特色新型城镇化步伐不断加快,在兼顾经济与环保方面取得了巨大进步,这源于中国坚持了可持续发展理念,将其融入国家发展战略、中长期规划和制度建设中。中国政府积极进行顶层设计和战略部署,在经济建设和社会发展中倡导绿色、生态、低碳、循环的理念,力争改变以资源耗竭、环境污染为代价支撑经济增长的发展方式,在可持续城市建设方面走出了一条兼顾发展、和谐、创新的特色之路。

2003年10月,党的十六届三中全会提出"坚持以人为本,树立全面、协调、可持续的发展观,促进经济社会和人的全面发展"。科学发展观的第一要义是发展,核心是以人为本,基本要求是全面协调可持续性,根本方法是统筹兼顾。科学发展观指明了我国进一步推动经济改革与发展的思路和战略。

党的十七大把生态文明建设列入全面建设小康社会的目标,要求建设以资源环境承载力为基础、以自然规律为准则、以可持续发展为目标的资源节约型、环境友好型社会。

党的十八大报告指出,"建设生态文明,是关系人民福祉、关乎民族未来的长远大计。面对资源约束趋紧、环境污染严重、生态系统退化的严峻形势,必须树立尊重自然、顺应自然、保护自然的生态文明理念,把生态文明建设放在突出地位,融入经济建设、政治建设、文化建设、社会建设各方面和全过程,努力建设美丽中国,实现中华民族永续发展"。

党的十八大以来,以习近平同志为核心的党中央把生态文明建设作为统筹推进"五位一体"总体布局和协调推进"四个全面"战略布局的重要内容,开展一系列根本性、开创性、长远性工作,提出一系列新理念新思想新战略,将"五位一体"总体布局与现代化建设目标更好对接,使得生态文明理念日益深入人心,推动生态环境保护发生历史性、转折性、全局性变化。

2014年3月,《国家新型城镇化规划(2014—2020年)》发布,标志着中国城市发展进入新的阶段。该规划按照走中国特色新型城镇化道路、全面提高城镇化质量的新要求,明确未来城镇化的发展路径、主要目标和战略任务,统筹相关领域制度和政策创新,是指导全国城镇化健康发展的宏观性、战略性、基础性规划。

2015年10月,习近平提出创新、协调、绿色、开放、共享的发展理念。新发展理念符合我国国情,顺应时代要求,深刻揭示了实现更高质量、更有效率、更加公平、更可持续发展的必由之路,指明了"十三五"乃至更长时期我国的发展思路、发展方向和发展着力点。

2017年10月,党的十九大报告提出,"为把我国建设成为富强民主文明和谐美丽的社会主义现代化强国而奋斗。"社会主义现代化奋斗目标从"富强民主文明和谐"进一步拓展为"富强民主文明和谐美丽"。十九大报告综合分析国际国内形势和我国发展条件,将2020年到本世纪中叶分为两个阶段:第一个阶段,从2020年到2035年,生态环境根本好转,美丽中国目标基本实现;第二个阶段,从2035年到本世纪中叶,生态文明全面提升。可见,生态文明建设在这两个阶段的建设规划中得到了充分保证和体现。

党和国家越来越重视可持续发展,将生态文明建设置于长远发展规划之中,并将生态问题提升到国家安全的战略高度。未来中国的城市建设一定是以经济、社会、环境协调可持续发展为基本理念,以绿色、生态、和谐、宜居为目标,向着更加注重减量提质方向转变。

1.3 中国特色的可持续发展行动

中国政府把可持续发展作为指导经济社会发展的重要原则,制定了国家级的可持续发展战略,将其纳入国民经济和社会发展计划中。中国的可持续发展从最初的概念引入到开展应用性工作,基本形成了新时代基于现代化和生态文明的全面实践。可持续发展理念已融入经济社会发展的各个层面,适应中国特色社会主义市场经济体制要求的可持续发展政策体系基本形成,环境污染治理和资源生态保护工作如火如荼,可持续发展的国际合作取得明显进展,很好地落实了联合国《2030年可持续发展议程》,推出了一系列中国特色的可持续发展行动。一是生态扶贫。2011年中共中央、国务院颁布的《中国农村扶贫开发纲要(2011—2020年)》提出,"建立生态补偿机制,并重点向贫困地区倾斜。"2016年国务院办公厅颁布的《关于健全生态保护补偿机制的意见》要求"结合生态保护补偿推进精准脱贫"。实践中,各省、自治区、直辖市将生态补偿制度作为地区扶贫开发的核心手段。二是山地经济。发展山地生态经济,就是根据当地区域自然特性和山区发展规律,在充分审视土地利用、环境保护和生态平衡的基础上,以维护山地自然体系的本来面貌为前提和原则,合理规避山区经济发展相对劣势,形成新的产业空间、创业空间和发展空间,使生态经济和山区特色资源实现可持续利用与良性循环发展。三是建设绿色技术银行。建设"绿色技术银行"是我国落实联合国气候变化《巴黎协定》和《2030年可持续发展议程》,实施"一带一路"倡议,践行"创新、协调、绿色、开放、共享"五大发展理念,进而实现经济社会持续健康快速发展的重要举措。此外,还包括大力发展循环经济、设立国家可持续发展实验区、开展蓝天保卫战,等等。

不同功能定位的城市有不同的发展方式。一是资源型城市转型,升级原有的粗放型经济发展方式,构建"资源—产品—废弃物—再资源化"的可持续发展方式,以发展模式创新推进城市转型升级;二是建设新型生态城市,聚焦可再生能源、节约用水、垃圾分类和限塑令等多个方面,使用低能耗建筑材料,配套轻轨交通,规划城市绿地,以低碳路径推动城市发展;三是智慧城市技术应用,充分整合城市资源,实现城市精细化治理,从而减少资源消耗,降低环境污染,解决交通拥堵,消除安全隐患,最终实现城市的可持续发展。

2018年,中共中央、国务院印发《关于全面加强生态环境保护坚决打好污染防治攻坚战的意见》,对加强生态环境保护、打好污染防治攻坚战作出了全面部署。十三届全国人大一次会议表决通过宪法修正案,把新发展理念、生态文明和建设美丽中国的要求写入宪法。十三届全国人大常委会第四次会议做出关于全面加强生态环境保护依法推动打好污染防治攻坚战的决议。全国政协十三届常委会第三次会议围绕"污染防治中存在的问题和建议"建言资政。在党和国家机构改革中,新组建生态环境部,统一行使生态和城乡各类污染排放监管与行政执法职责,同时组建生态环境保护综合执法队伍,增强执法的统一性、独立性、权威性和有效性。

1.4 生态文明建设与可持续发展

联合国《2030年可持续发展议程》和各项行动议程规定的发展目标,是实现平等、持续、参与性的经济、社会和环境发展。持续改进和提升政府在经济、社会与环境方面的公共产品和公共服务供给质量,已成为全球城市治理实践的一个基本趋势,也是政府治理变革的核心内容。作为全球可持续发展行动的倡导者和践行者,中国提出的"生态文明"是马克思主义生态观在中国的进一步丰富与创新,深刻回答了为什么建设生态文明、建设什么样的生态文明、怎样建设生态文明等重大理论和实践问题。中国的生态文明建设是对全球可持续发展理念的伟大探索,是全球可持续发展的"中国方案",以绿色发展的生动实践为世界其他国家贡献了应对类似经济、社会和环境挑战的重要借鉴。

实践证明,发展是解决中国一切问题的基础和关键。坚持"绿水青山就是金山银山"的绿色发展理念是发展观的一场深刻革命。使绿色成为普遍形态是高质量发展的题中应有之义,也是生态文明建设的必然要求。随着经济社会的不断发展,人民群众对美好生活的向往更加强烈,对更优美环境的诉求更加迫切。在发展中保障和改善民生,是回应新时代人民对美好生活的向往和期盼,体现新时代以人民为中心的价值取向的重要内容。因此,必须进一步加强顶层设计,加快构建以治理体系和治理能力现代化为保障的生态文明制度体系,为新时代建设美丽中国提供制度支撑。

十八大以来,以习近平同志为核心的党中央把生态文明建设作为统筹推进"五位一体"总体布局和协调推进"四个全面"战略布局的重要内容,我国进入生态文明建设新阶段,走出了一条受国际理念影响、政府主导、运用市场化的激励与约束手段解决环境污染问题的中国特色之路。2019年6月7日,习近平总书记在圣彼得堡国际经济论坛全会上提出,可持续发展是破解当前全球性问题的"金钥匙",同构建人类命运共同体目标相近、理念相通,都将造福全人类、惠及全世界。中国将坚定不移地贯彻可持续发展治理理念,紧密结合现阶段国情特征和城市发展特点,制定短期和长期发展目标,并围绕这些目标激发多元主体积极参与,采取切实可行的措施,深入推进城市生态文明建设实践,并用"可持续发展"这一世界性语言与世界各国人民共享发展经验。

2 城市可持续发展评估理论与方法

经济社会发展与人口资源环境之间的结构性矛盾,已成为制约城市可持续发展的重大瓶颈。坚持把经济活动、人的行为限制在自然资源和生态环境能够承载的限度内,推动经济社会与生态环境协调发展,是城市可持续发展的应然目标。因此,基于既往《中国城市可持续发展绿皮书》评估理论基础,本书首次引入生态文明发展理念,在原有经济增长和人类发展的城市发展半球中,增加了社会和谐、环境进步的指标维度,优化两个半球的脱钩发展理论。进一步,构建城市可持续发展的评估模型与评估方法,对中国35个大中城市的可持续发展能力进行评估。这体现了既追求经济增长和社会福利提高,又追求社会和谐、生态环境美好的可持续发展理念,更展现中国35个大中城市自十八大以来经济社会发展和生态文明建设的行动成果,以翔实的数据佐证中国城市发展进入新阶段。

2.1 评估理论与模型

2.1.1 评估理论

根据可持续发展的 3E 原则,一个城市理应实现经济(Economy)繁荣、社会公平(Equitiy)、生态(Ecology)和谐。本章叠加新时代生态文明的内在逻辑,优化"发展半球-生态半球"的城市两个半球发展理论,构建"生态文明发展半球-生态投入半球"的理论模型,见图 2-1。生态文明发展半球包括城市 GDP、医疗教育水平、收入差距、绿化程度等经济、社会、环境要素;生态投入半球指为取得经济、社会、环境产出所付出的资源消耗和污染排放。城市的资源与环境承载能力有限，城市生态文明发展半球受制于城市生态投入半球的资源环境约束。

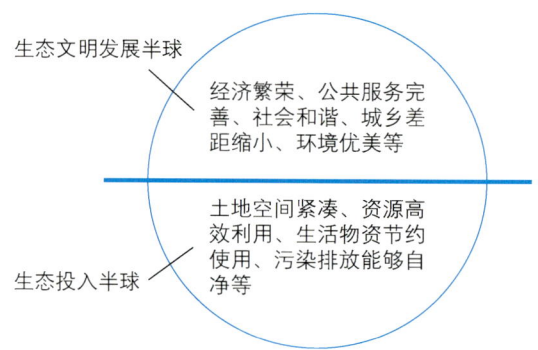

图 2-1　城市可持续发展两个半球理论模型

根据"脱钩"理论（Decoupling），生态文明发展半球和生态投入半球之间的关系存在三种状态：耦合、相对脱钩和绝对脱钩。①耦合：生态投入增长速度等于或超过生态文明发展增长速度，说明城市发展完全依赖于自然资源消耗，导致环境污染严重，生态效率低下，是不可持续的发展模式。②相对脱钩：生态投入增长速度低于生态文明发展增长速度，说明城市发展以相对较少的资源环境投入换取更多的经济、社会、环境福利增长，是城市可持续发展的过渡模式。③绝对脱钩：不增加甚至减少资源消耗和环境污染，实现生态文明产出的持续增长，是城市可持续发展的理想模式。中国城市可持续发展就是要实现生态文明产出增长与生态投入的"脱钩"。

在城市发展实践中，生态文明发展半球和生态投入半球往往会不协调，如生态投入半球过度消耗，甚至超过了城市环境承载能力，或者生态文明发展水平低，环境、社会与经济发展不协调，使得城市陷入高消耗低发展、或高消耗高发展、或低消耗低发展等不可持续发展的困境。城市两个半球优化发展行动逻辑，见图 2-2。上实线半球、上虚线半球分别代表低发展、高发展的生态文明发展半球，下实线半球、下虚线半球分别高消耗、低消耗的生态投入半球。上下两个实线半球反映城市生态文明发展与城市生态投入的不协调，是目前城市发展中常见困局。两个虚线半球表示城市理应追求的可持续发展目标方向，通过多种途径，一方面增加生态文明产出（如虚线箭头所指），另一方面则是降低生态资源的消耗（实线箭头所指），让生态文明发展半球和生态投入半球实现脱钩。因此，各级政府应厘清城市建设与发展系统问题，寻优特色发展模式和路径。科学适量提高生态文明产出水平的同时，严格控制生态资源消耗，实现城市生态文明和可持续发展目标。

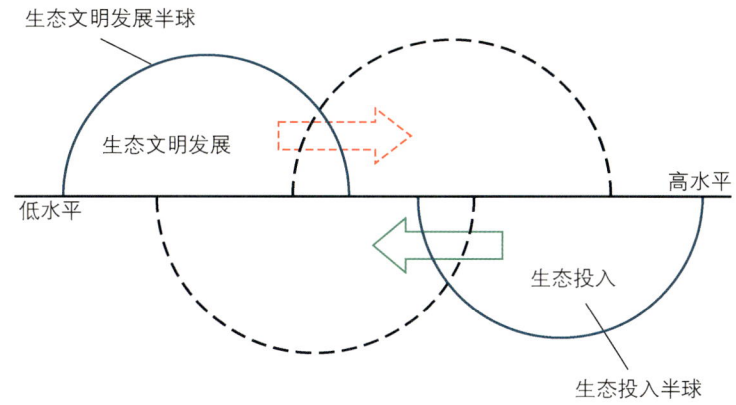

图 2-2　城市两个半球的脱钩发展逻辑

2.1.2　评估模型

全球《21世纪议程》第40章"决策用的信息"中指出,必须制定出可持续发展指标,以便为各级决策者提供坚实的理论基础,促进环境与发展体系一体化并能自我调节的可持续发展能力[①]。联合国《2030年可持续发展议程》的"后续落实和评估"中指出,将系统地落实和评估本议程今后15年的执行情况。一个积极、自愿、有效、普遍参与和透明的综合后续落实和评估框架将大大有助于执行工作,帮助各国最大限度地推动和跟踪本议程执行工作的进展,绝不让任何一个人掉队。

党的十八大提出"要把资源消耗、环境损害、生态效益纳入经济社会发展评价体系,建立体现生态文明要求的目标体系、考核办法、奖惩机制"。党的十八届三中全会指出"完善发展成果考核评价体系,纠正单纯以经济增长速度评定政绩的偏向,加大资源消耗、环境损害、生态效益等指标的权重"。"十三五"规划进一步提高生态文明相关指标的权重,把保障人民健康和改善环境质量作为更具约束的硬指标。基于此,2016年中共中央办公厅、国务院办公厅发布了《生态文明建设目标评价考核办法》,国家发展改革委、国家统计局、环境保护部、中央组织部制定了《绿色发展指标体系》和《生态文明建设考核目标体系》。在此基础上,各省、直辖市相继推出了地方的《生态文明建设目标评价考核办法》和两个配套指标体系。从方法上看,这两个指标体系应用层次分析法确定指标权重,通过对指标值的加权计算来评估各地方的生态文明建设。从内容上看,生态文明建设考核目标体系注重资源利用、生态环境建设和保护。绿色发展指标体系虽然在资源利用、环境治理、环境质量、生态保护的指标之外,还涵盖着增长质量和绿色生活两大指标,

---

① 中国环境报社.迈向21世纪——联合国环境与发展大会文献汇编[M].北京:中国环境科学出版社,1992.

且这两大指标适用于评价地方生态利用与环境保护的状态。但是，这两个配套指标体系从总体上并不能够充分说明生态文明建设是人类文明发展新阶段，不足以体现城市通过生态文明建设实践，实现在生态与环境能够承载的限度内，经济社会发展和生态环境保护协同共进的重要成果，更不能为各城市指出实现可持续发展的优先领域和路径。

通过建立合适的可持续发展评估模型来衡量城市的可持续发展，既可回答城市当前可持续发展水平以及未来的发展趋势，还有利于城市可持续发展的横向纵向比较，找到城市与城市间的发展差距以及面向可持续发展中存在的薄弱环节和关键问题。通过城市可持续发展评估体系，制定和调整城市在其环境承载能力约束下的可持续发展战略，找到切实可行极具地方特色的可持续发展之路。

在构建的城市两个半球脱钩发展理论模型的基础上，将反映生态文明发展半球的生态文明发展指数（Ecological Civilization Development Index，ECDI）与反映生态投入半球的生态投入指数（Ecological Input Index，EII），置于统一的综合框架中，构建城市可持续发展评估模型，包括两轴-四区分类评估模型和效率评估模型，旨在全面判断和评价生态文明发展半球与生态投入半球的相对状态特征，充分反映经济、社会、生态的系统综合性和协调性。

判断生态文明发展半球与生态投入半球的相对状态，一方面可以检验城市发展目标定位的科学性，以及生态文明建设与发展行动所产生的效果；另一方面能够以生态文明发展指数为工具，考虑综合产出对环境的压力，更能测度生态投入和生态文明发展的效率；再次，通过评估结果分析可以找到推进城市可持续发展的优先领域和优先策略，实现经济、社会和生态的协同发展，从而避免以往评估模型对政策指导实践的单一性与片面性。

城市可持续发展评估逻辑框架，见图2-3。

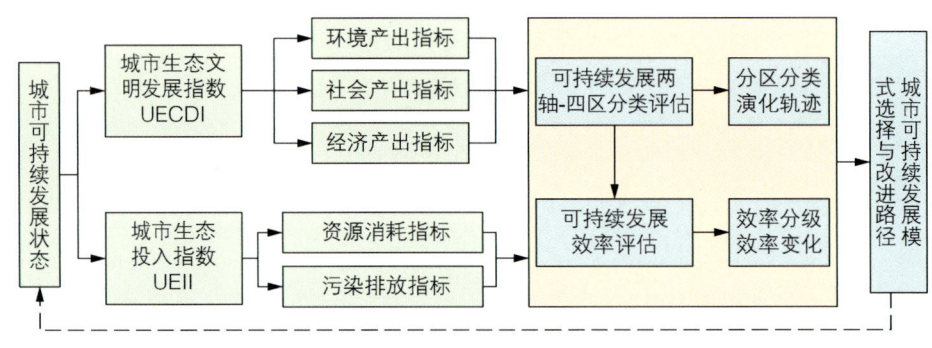

图2-3 城市可持续发展评估逻辑框架

城市可持续发展状态由城市生态文明发展指数（Urban Ecological Civilization Development Index，UECDI）和城市生态投入指数（Urban Ecological Input Index，UEII）共同反映。城市生态文明发展指数由环境产出指标、社会产出指标和经济产出指标构成，城市生态投入指数由资源消耗指标和污染排放指标构成。应用城市生态文明发展指数和城市生态投入指数，分类评估城市可持续发展，进而评估城市可持续发展效率。利用 35 个大中城市 2011—2017 年城市可持续发展分类评估和效率评估的结果，辨识城市发展路径，动态分析城市可持续发展效率变化，考量城市发展的不同状态，提出城市可持续发展的改进路径。城市可持续发展是不断追求的过程目标，对改进路径及其实践状况进行实时评估，进一步优化城市转型的具体路径和措施。

2.2 评估体系构建

根据上述城市可持续发展评估逻辑框架，构建可持续发展评估体系，包括 5 个方面：①城市可持续发展生态投入指数和生态文明发展指数评估；②城市可持续发展两轴-四区分类评估；③城市可持续发展效率评估；④城市可持续发展效率变动评估；⑤城市可持续发展模式及改进路径分析。

2.2.1 指数评估

1. 生态投入指数及指标体系

生态与环境资源的投入是城市生存发展的物质基础。生态与环境资源是有限的，城市可持续发展必然要体现在生态投入与生态文明发展的脱钩，实现生态与环境资源的节约利用。

城市生态投入是指在一定时期内一定的人口数量、技术水平和经济规模下，城市发展所消耗的土地、能源和水，以及污染排放等，通过对这些基础指标的归类和标准化处理，分别得到城市资源消耗指标（Urban Resources Consumption Index，URCI）、城市污染排放指标（Urban Pollution Discharge Index，UPDI），再由二者合成城市生态投入指数（UEII）。

2. 生态文明发展指数及指标体系

城市是由经济、社会、生态三个子系统构成的复杂系统，在环境问题逐渐威胁城市可持续发展的现实背景下，只有通过三个子系统的协调发展方能实现城市可持续发展。

城市生态文明发展是指一定时期内一定的人口数量、技术水平和经济规模下，以一定的生态投入为代价带来城市环境改善、社会福利水平提高和经济增长，通过对经济、社会、生态三个方面的基础指标归类和标准化处理，分别得到经济产出指标（Economic Output Index，ECOI）、社会产出指标（Social Output Index，SOI）和环境产出指标（Environmental

Output Index，ENOI)，再由三者合成城市生态文明发展指数(UECDI)。

本研究首次引入生态文明的相关要素，将既往研究中表征生态文明发展半球的人类发展指数(HDI)①进行内涵拓充，增加绿化、医疗、城乡收入差距等环境、社会方面的相关指标，用生态文明发展指数(ECDI)替代人类发展指数(HDI)，以丰富城市发展的产出项，综合反映人与自然和谐发展所取得的环境、社会和经济方面的成果总和，以体现要素聚能创新发展。这一模型构建，丰富了城市产出的内涵，弥补了环境产出和社会和谐发展测度的不足。

3. 可持续发展评估指标体系总架构

城市生态文明发展指数(UECDI)由 3 项二级指标，8 项底层指标构成；城市生态投入指数(UEII)由 2 项二级指标，9 项底层指标构成。城市生态文明发展指数和城市生态投入指数、城市可持续发展评估指标体系，分别见表 2-1、图 2-4。

表 2-1　　　　　　　城市生态文明发展指数和城市生态投入指数

一级指数	二级指标及构成		底层指标
生态文明发展指数	环境产出指标		1. 人均绿地面积(m^2/人)
	社会产出指标	综合教育	2. 平均受教育年数 MYS(年)
			3. 预期受教育年数 EYS(年)
			4. 万人学校数(所/万人)
		健康医疗	5. 人均预期寿命(年)
			6. 万人医院/卫生院床位数(张/万人)
		城乡收入差距	7. 城乡居民可支配收入比
	经济产出指标		8. 人均 GDP(元/人)
生态投入指数	资源消耗指标	土地资源消耗	9. 人均市辖区建成区面积(m^2/人)
		能源消耗	10. 人均消费标准煤(tce/人)
		水资源消耗	11. 人均供水量(t/人)
	污染排放指标	水污染	12. 人均化学需氧量排放量(kg/人)
			13. 人均氨氮排放量(kg/人)
		空气污染	14. 人均二氧化硫排放量(kg/人)
			15. 人均氮氧化物排放量(kg/人)
		固体废物	16. 人均工业固体废弃物产生量(t/人)
			17. 人均生活垃圾清运量(t/人)

---

① 人类发展指数(Human Development Index，HDI)是由联合国开发计划署(UNDP)在《1990 年人文发展报告》中提出的，用以衡量联合国各成员国经济社会发展水平的指标。

2 城市可持续发展评估理论与方法

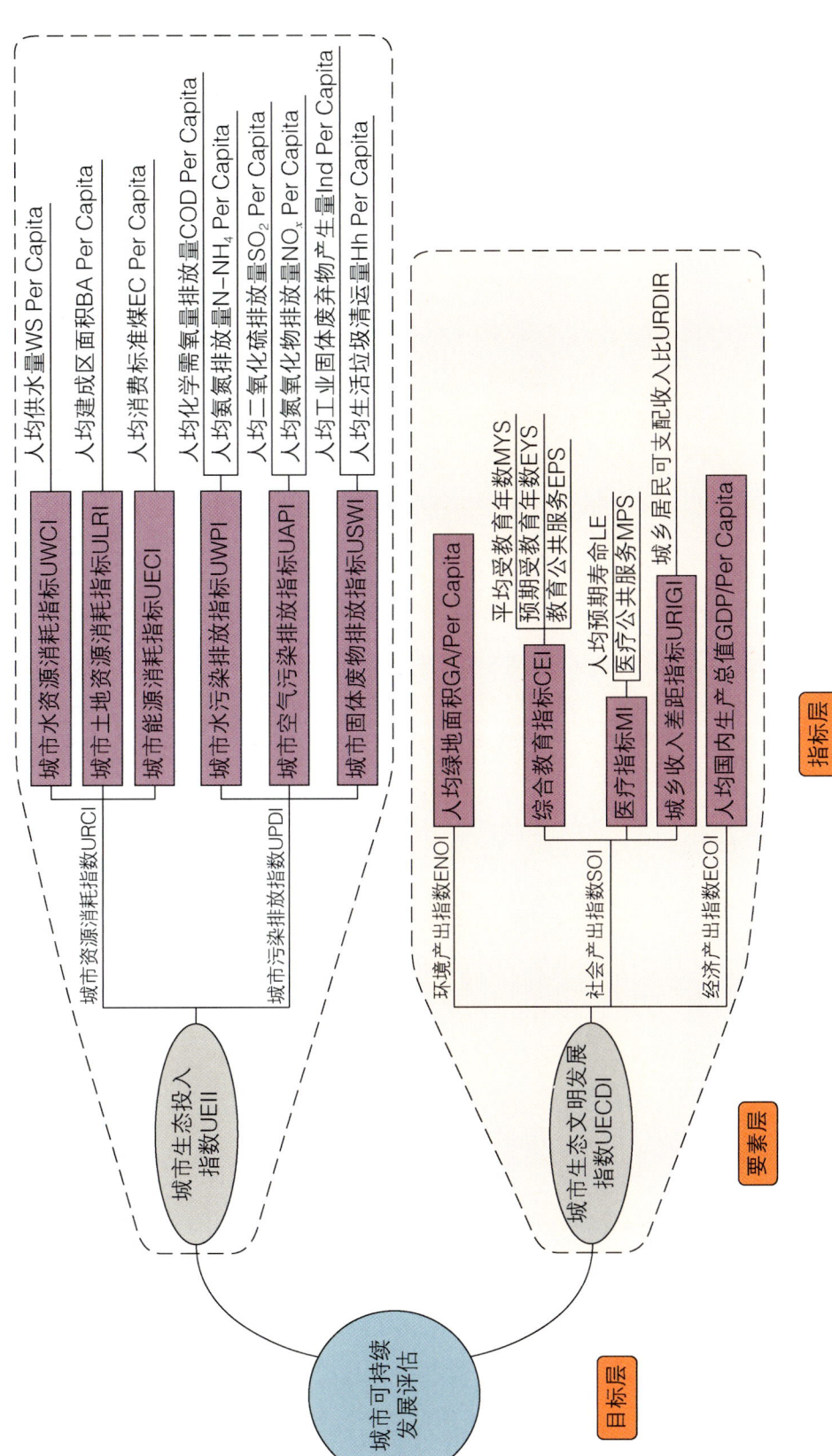

图 2-4　城市可持续发展评估指标体系

2.2.2 两轴-四区分类评估

可持续发展既要考虑城市发展规模和资源利用限制,又要考虑一定时期内城市经济、社会和生态的发展程度。分类评估城市可持续发展时,既要考虑城市生态投入的条件,又要设立城市生态文明发展的目标。

以城市生态文明发展指数为 X 轴,城市生态投入指数为 Y 轴,建立城市可持续发展评估坐标系。将中国 35 个大中城市按坐标值 X＝生态文明发展指数、Y＝生态投入指数置于坐标系中,得到 35 个点分别代表对应城市的生态文明发展和生态投入水平的相对位置,表示城市的可持续发展状态。

为了对城市可持续发展状态进行归类研究, X 方向和 Y 方向分别以城市生态投入中位线和城市生态文明发展中位线,作为生态投入和生态文明产出的分类基准线。城市生态投入中位线和城市生态文明发展中位线的取值,分别为 35 个大中城市生态投入指数和生态文明发展指数的中位数。城市可持续发展两轴-四区分类评估模型,见图 2-5。位于城市生态投入中位线上方Ⅲ区、Ⅳ区的为高生态投入城市,下方的为低生态投入城市。位于城市生态文明发展中位线左侧Ⅰ区、Ⅳ区的为低生态文明发展城市,右侧的为高生态文明发展城市。

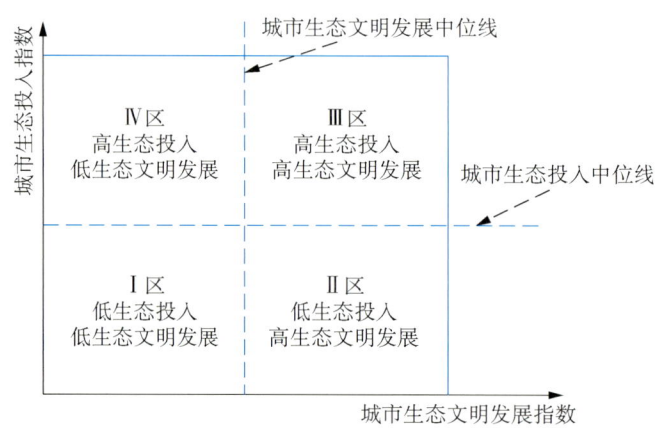

图 2-5 城市可持续发展两轴-四区分类评估模型

两轴-四区的格局表征城市可持续发展的 4 种类型:Ⅰ区城市低生态投入低生态文明发展,Ⅱ区城市低生态投入高生态文明发展,Ⅲ区城市高生态投入高生态文明发展,Ⅳ区城市高生态投入低生态文明发展。根据"脱钩"理论,Ⅱ区城市生态投入半球的发展速度低于生态文明发展半球的增长速度,以相对较少的资源环境投入换取更多的经济、社会、生态的福利增长,达到可持续发展状态,实现了生态投入与生态文明发展的相对脱钩。

Ⅱ区、Ⅲ区城市生态投入半球的发展速度与生态文明发展半球的增长速度相近,城市发展仍然依赖资源消耗,同时造成环境污染,是欠可持续发展状态。Ⅳ区城市生态投入半球的发展速度高于生态文明发展半球的增长速度,城市发展过于依赖资源的大量消耗,生态效率低下,是不可持续发展状态。城市可持续发展分类分区及其特征,见表 2-2。

表 2-2　　　　　　　　　城市可持续发展分类分区及其特征

区域	生态投入与生态文明发展特征	城市可持续发展状态
Ⅰ	低生态投入低生态文明发展	欠可持续发展
Ⅱ	低生态投入高生态文明发展	可持续发展
Ⅲ	高生态投入高生态文明发展	欠可持续发展
Ⅳ	高生态投入低生态文明发展	不可持续发展

在城市可持续发展分类评估的基础上,利用 2011—2017 年数据的积累,动态追踪分析城市可持续发展状态的演化轨迹及区域性演变。

2.2.3　效率评估与改进路径

通过城市可持续发展分类评估可以确定城市在生态投入和生态文明发展的对比关系以及所处坐标系中的区域位置,但是并不能反映生态投入和生态文明发展所涵盖的维度(包括社会、经济、环境、资源等)是否达到最优匹配。为此,在上述分类评估的基础上,基于社会产出、经济产出、环境产出、资源消耗和污染排放等 5 个维度,评价城市可持续发展效率。

效率评估方法运用数据包络分析(Data Envelopment Analysis,DEA)理论下的 SBM(Slacks-Based Measure)模型来衡量经济产出、社会产出、环境产出、资源消耗和污染排放 5 个维度的相对效率,能够反映城市生态投入和城市生态文明发展的投入产出绩效,同时给出效率优化的改进方向。通过 DEA 模型计算结果得到可持续发展效率前沿面,有效前沿面上的点表明该城市在现有经济条件、技术水平和社会治理下实现了最优状态,而未到达有效前沿面的城市则需要在上述维度进行改进和提升。针对非有效城市,效率评估 SBM 模型可提供其为达成有效前沿面状态,在各维度上最优改进量。

2.2.4　效率变动评估

较前四期绿皮书,本研究在上述 4 个基本评估模块基础上,增加了时间序列动态分析模块,评估 2011—2017 年城市可持续发展效率变化情况。运用 DEA 理论下经典 SBM 模型测算 Malmquist 指数来评估城市可持续发展效率动态变化状况。

在城市可持续发展评估研究框架下,定义 MPI(Malmquist Productivity Index)为总效率变动指数,表示城市可持续发展总效率的变化,MPI 大于 1,说明该城市总体效率变化呈现进步状态;定义 EC(Efficiency Change)为个体效率变动指数,表示在一定技术水平和城市治理水平下,待评估城市与前沿面城市效率变化的相对状态,EC 大于 1,说明该城市相对效率变化是进步的;定义 TC(Technical Change)为群体发展能力变动指数,表示该类城市由要素聚能发展带来的群体发展能力变化,TC 大于 1,说明该城市所代表的群体要素聚能发展能力是进步的。

2.2.5 发展模式及改进方式

1. 城市可持续发展模式

莱斯特·布朗把城市化和经济发展的模式分为"A 模式"和"B 模式"两种。A 模式是以美国为代表的发达国家的发展模式,其主要特征是城市低密度蔓延、私人轿车为主导的机动化、化石燃料为基础、一次性产品泛滥等。其结果是美国以占世界 5% 的人口消费了 1/3 以上的世界能源。当今世界所面临的严重资源环境问题正是世界各国在发展道路上走 A 模式造成的。A 模式以过度消耗地球自然资源为代价,经济增长和环境压力同步发展,经济高效率的取得以资源和自然环境巨大破坏为代价。建立在增加资源消耗和造成环境污染的城市发展 A 模式,在中国显然是行不通的[①]。

城市发展的 B 模式是指由高生态投入高生态文明发展转向低生态投入高生态文明发展的城市发展模式,这种模式以生态投入和增长繁荣绝对脱钩为特征。城市发展 B 模式追求的不是更大的发展而是更好的发展,是在城市发展超过生态门槛后的退后式发展,即在城市人均生态投入超过世界人均生态投入的前提下,在降低生态投入的同时,提高或维持现有的城市生态文明发展水平。这一模式以生态经济发展为中心,强调低碳可再生能源、物质再生性利用和能效革命,构建生态经济发展新模式。在城市建设与发展上,以太阳能、氢能为主要能源,以公共轨道系统为城市主要交通方式,多用自行车少用汽车,研发新型材料,保障粮食生产和保护森林植被,提高城市的宜居性。然而,用 B 模式不加区分地解决发达地区城市稳态发展和欠发达地区城市生存发展的问题显然有失偏颇。发达国家的基本需求已经满足,因此需要在生态投入上大幅度"减肥"。而

---

① 莱斯特·R·布朗."B 模式"2.0——拯救地球,延续文明[M].北京:东方出版社,2006.

发展中国家如同一个正在长身体的孩子,基本需求问题尚未得到解决,仍然需要合理的资源环境消耗扩张①。

中国学者诸大建提出C模式。C模式是指由低生态投入低生态文明发展转向低生态投入高生态文明发展模式,追求的是城市发展在生态门槛极限内的跨越式发展,避免走生态投入先增加后减少或所谓"先污染、后治理"的传统A模式道路。这种模式追求经济增长与生态投入的相对脱钩,即生态投入不超过阈值的情况下提高城市的生态文明发展水平。相对稀缺的自然资源与并不乐观的环境压力,使得发展中国家不能循道A模式。同时,受限于整体经济社会发展水平,亦不能不顾及发展需要而一味追求B模式。C模式正是一种在自然资源与生态环境双重压力下适应于发展中国家的发展模式②。

选择C模式的城市,需要从生态投入与生态文明发展两方面同时进行改进。主要从新型产业化、新型城镇化和新型现代化三个领域入手,同时设法从技术创新和管理优化两个方面提高资源生产率,通过创新体制机制,完善法律法规促进城市各项人类发展指标的提高。在推动新型产业化过程中,首先生产方式从粗放型向集约型转变,应当注重提升资源节约、环境友好型的现代制造业和第三产业比重。其次,对高消耗、高排放的第二产业进行减物质化的改造与提升。再次,发展对生产和消费后的废弃物再加工利用的所谓"静脉产业",将传统的资源环境压力转化为现代经济发展的动力。在新型城镇化过程中,必须注重节地、节能、节水、节材,并坚持在空间上走紧凑发展的道路,注重生态聚集群的建设,实现生活系统和生产系统的和谐共生,保证两大系统的减物质化和减污染化。新型现代化应当着眼于提高生活质量,一方面减少对一次性用品的依赖,以性能好、持久性强的产品替代"用完即弃"的一次性用品,减少物质化增长;另一方面,鼓励使用具有共享性质的生活用品和城市公共设施,如以城市轨道交通为主的出行模式来替代以小汽车为中心的出行模式。

未来中国城市可持续发展面临着两项重要的脱钩任务:一是经济增长与生态投入的脱钩,即经济增长低物质化,意味着未来城市的生产和消费必须是资源节约型和环境友好型。二是生活质量与经济增长的脱钩,即要求在经济增长规模得到控制或人均资本存量稳定的情况下提高生活质量。这两项重要脱钩目标清晰地表达了以社会福利增长为目标的可持续发展城市和以经济增长为目标的传统城市在发展路径上的实质区别③。中国地域广阔,城市发展在区域间存在不平衡现状,东部发达地区部分城市已经

---

① 诸大建.从布朗B模式到中国发展C模式[J].沪港经济,2010(6):17.
② 诸大建.C模式:自然资本约束条件下的中国发展[N].解放日报,2015-10-10.
③ 诸大建.中国发展3.0:生态文明下的绿色发展——深化中国生态文明研究的10个思考[C].上海市社会科学界第七届学术年会文集(2009年度)经济与管理学科卷,2009:1-12.

达到中等发达国家水平,而广大的中西部城市仍处于工业化、现代化的初级阶段,因此,中国城市可持续发展路径上 B 模式和 C 模式在未来较长一段时期同时存在。

2. 城市可持续发展的改进方式

无论采取何种模式走向可持续发展,中国城市都面临着转型发展任务。城市发展的不同阶段及其资源环境的实际情况,决定着中国城市转型发展的多样性,应当制定不同的引导政策,实现不同的转型路径。[①] 本研究特点正是在于针对不同阶段状态,提出中国城市发展模式选择及相应的改进方式。

中国城市可持续发展不能再走 A 模式的老路,B 模式和 C 模式将在很长一段时期并存,在面向效率优化的改进路径上不能追求一刀切,而是因地制宜地根据城市的实际情况提出生态投入和生态文明发展的提质、扩容、优化的改进路径。

针对高生态投入高生态文明发展状态的城市,建议选择 B 模式,城市可持续发展选择"提质"方式,实现低生态投入高生态文明发展目标。所谓"提质"是指城市发展在至少不降低生态文明发展水平的前提下,不仅要提高生态投入产出效率,还要不断降低生态资源消耗、减少污染排放总量。

针对低生态投入低生态文明发展类型的城市,建议选择 C 模式,城市可持续发展选择"扩容"方式。所谓"扩容"是指城市可持续发展以提高生态文明发展水平为主要目标,在生态投入阈值内,在提高生态投入产出效率的前提下,资源消耗和污染排放总量仍有所增加,但是单位产出的资源投入和污染排放将下降。

已经处于可持续发展状态的低生态投入高生态文明发展类型的城市,本研究将其发展模式定义为 S 模式(Sustainability)。S 模式是指城市在可持续发展区间内持续优化发展。所谓"优化"是指城市进一步降低生态投入,提高生态文明发展水平,追求城市生态投入产出的最优效率,是未来所有城市发展不断追求卓越的共同目标。

对于高生态投入低生态文明发展类型的城市,B 模式和 C 模式均不能有效达到其可持续发展目标,本研究将其发展模式定义为 D 模式(Dual-track)。该类城市面临两大任务,一是降低资源消耗和污染排放总量,二是提高生态文明发展水平,对于前者,仅采用提质路径,则会陷入生态文明发展水平不足的困境;对于后者,仅采用扩容路径,则可能导致资源消耗和污染排放总量继续增加、生态进一步恶化的困境。

把两轴-四区城市可持续发展分类评估模型与城市改进发展模式相匹配,可以进一步明确城市可持续发展模式与改进方式,见表 2-3、图 2-6。

[①] 魏后凯.论中国城市转型战略[J].城市与区域规划研究,2011(1):1-19.

表 2-3　　　　　　　　　　城市可持续发展模式与改进方式

区域	城市可持续发展特征	发展模式	改进方式
Ⅰ	低生态投入低生态文明发展	C模式	扩容
Ⅱ	低生态投入高生态文明发展	S模式	优化
Ⅲ	高生态投入高生态文明发展	B模式	提质
Ⅳ	高生态投入低生态文明发展	D模式	提质+扩容

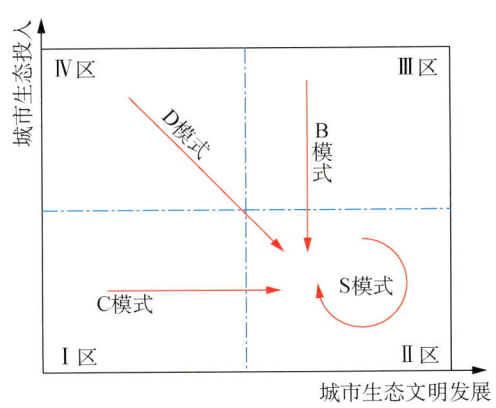

图 2-6　城市可持续发展模式与改进方式

Ⅰ区城市属于低生态投入低生态文明发展类型,其生态投入水平低于中国城市生态投入中位值,生态文明发展水平低于中国城市生态文明发展中位值。因此,该类城市应选择提高人均生态投入水平与提高生态文明发展水平相对脱钩的城市发展C模式及扩容改进方式。

Ⅱ区城市属于低生态投入高生态文明发展类型,其生态投入水平低于中国城市生态投入中位值,生态文明发展水平已超过中国城市生态文明发展中位值,是城市可持续发展的理想状态。该类城市应选择追求城市稳态发展的S模式及持续优化改进方式。

Ⅲ区城市属于高生态投入高生态文明发展类型,其生态投入水平超过中国城市生态投入中位值,生态文明发展水平亦超过中国城市生态文明发展中位值。该类城市应减少生态投入,选择可持续发展B模式及提质改进方式。

Ⅳ区城市属于高生态投入低生态文明发展类型,其生态投入水平高于中国城市生态投入中位值,生态文明发展水平却低于中国城市生态文明发展中位值,处于城市不可持续的发展状态。该类城市应减少生态投入,提高生态文明发展,选择可持续发展D模式及扩容和提质并行的改进方式。

2.3 评估方法与工具

本研究采用DEA方法和Malmquist指数作为主要分析工具,评价城市可持续发展状态。与其他效率评估方法相比较,DEA方法具有无须考虑生产函数关系、无须预先估计任何参数或权重、对样本数量要求不高,以及不受选取指标的单位或量纲影响等显著优势。因此,DEA理论可在许多参数统计方法无法理想使用的情况下,发挥优势并取得令人满意的分析结果。本研究将"城市资源消耗"和"城市污染排放"作为输入指标,将"经济产出""社会产出"和"环境产出"作为输出指标,应用DEA方法的经典SBM模型,计算相对于生态投入的生态文明产出的绩效表现,评估城市的可持续发展效率。在此基础上,进一步应用Malmquist指数计算城市效率变动指数,以衡量动态效率变化。

2.3.1 数据包络分析(DEA)方法

DEA是评价多种投入与多种产出的同质决策单元(Decision Making Units, DMUs)相对效率的非参数规划方法,是运筹学、管理科学、系统科学与数理经济学等多学科交叉研究的重要方法。该方法自1978年由三位学者Charnes,Cooper与Rhodes[1]首次共同提出以来,被广泛应用于各类实践场景下的绩效评价。所谓决策单元的同质性,包括决策单元具备相同的目标和任务、具有相同的运作性质和外部环境、拥有一致的多维度输入和输出指标。本研究评价对象即决策单元为生态投入和生态文明产出刻画下的中国35个大中城市,符合同质性要求。

1. DEA效率

DEA效率值(DEA Efficiency)所度量的是决策单元的实际生产能力与其所对应的前沿生产能力间的差距,一般通过求解相应DEA模型而得到。Farrell[2]首次提出多投入下的企业效率评估的概念,并进行了技术效率测量:

$$\text{企业效率} = \frac{\text{实际产出水平}}{\text{前沿产出水平}}. \tag{2.1}$$

---

[1] Charnes A, Cooper WW, Rhodes E. Measuring the efficiency of decision making units[J]. European Journal of Operational Research, 1978, 2: 429-444.

[2] Farrell M J. The Measurement of Productive Efficiency[J]. Journal of the Royal Statistic Society, 1957, 120(3): 253-281.

Farrell 将生产单元或决策单元(DMU)的经济效率(Economic Efficiency,EE)划分为技术效率(Technical Efficiency,TE)和配置效率(Allocative Efficiency,AE)两类。其中,技术效率是指在投入要素固定的前提下,某 DMU 的实际产出量同理想状态下的产出量(即同样投入下可以实现的最大产出)之比。如果实际产出与理想产出间存在差距,则说明该 DMU 是非技术有效的。技术效率代表既定投入水平下,利用现有技术条件可以获取的最大产出能力。配置效率则表示在产出量固定以及技术有效的前提下,某 DMU 的最小成本与实际成本之比。配置效率反映了既定的生产技术条件和价格水平下,DMU 最优配置投入要素的能力。

DEA 效率所反映的是一种相对效率,并非绝对效率,评估结果是相对于某一个特定的生产可能集(或参考集)而言的。生产可能集一旦发生变化,那么技术效率也很可能随之产生变化。另外,DEA 效率值所度量的是决策单元的实际生产能力与其所对应的前沿(最大可能)生产能力间的差距,实际生产能力不会优于理想生产能力,因此在一般情况下,DEA 效率值在[0,1]之间,且无量纲之分。

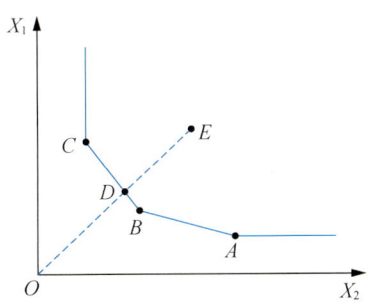

图 2-7 DEA 效率的基本分析原理

DEA 效率的基本分析原理,见图 2-7。以双投入、单产出的五个决策单元 A、B、C、D、E 为例,来说明 DEA 效率的基本分析原理,在此例中,所有决策单元具有相等的产出量。

决策单元 A、B、C、D 位于生产前沿面(包络面)上,因此都是技术有效的;决策单元 E 在包络面的右上方,是非技术有效的。生产前沿面是由一系列分线段组成的等产量线的组合,使得所有决策单元均位于前沿面上或其上方位置。非有效决策单元 E 在前沿面上对应的决策单元为 D,决策单元 D 可表示为 B 和 C 的线性组合,使用 D 的投入量就可制造出和 E 等量的产出水平。这说明决策单元 E 消耗了过多的投入资源,相对于技术有效的 D 来说,E 是无效的,其效率值可用 OD/OE 来度量。图 2-7 表明 $OD/OE<1$,决策单元 E 是技术无效(非技术有效)的;如果 $OD/OE=1$,则说明 E 与 D 在前沿面上重合,决策单元 E 也是有效的。

DEA 正是基于上述思想,通过被评价决策单元与其对应生产前沿面上的线性组合的距离比值,构造线性规划模型来评价各个决策单元的相对效率。该方法日益成为管理科学与系统工程领域一种重要而有效的数学分析工具。

2. 数据包络分析理论基本假设

假设一个生产系统中有独立且同质的 n 个决策单元(DMU),用 $DMU_j(j=1$,

2，…，n）表示。每个决策单元都消耗同样 m 种投入，以制造同样 s 种产品，投入和产出向量分别记为

$$X_j = (x_{1j}, \cdots, x_{mj})^T, Y_j = (y_{1j}, \cdots, y_{sj})^T, j=1, \cdots, n \quad (2.2)$$

由上述 n 对投入-产出向量组成的集合 T 称为参考集

$$T = \{(X_1, Y_1), (X_2, Y_2), \cdots, (X_n, Y_n)\} \quad (2.3)$$

集合 $\overline{T} = \{(X, Y) | 投入 X 可以产出 Y\}$ 称为所有可能的生产活动所构成的生产可能集，一般满足如下公理假设：平凡公理、凸性公理、锥性公理（收缩性公理、扩张性公理）、无效性公理、最小性公理。基于上述基本公理，可得到几种最为经典 DEA 模型的生产可能集[①]。

3. 基于松弛变量的 SBM 模型

SBM 模型由 Tone[②] 提出，其主要思想是将松弛变量的优化求解结果折算为效率测度，研究决策单元的效率评价问题。基于规模收益不变（Constant Returns to Scale，CRS）假设的 SBM 模型

$$\begin{aligned}
\text{Min } \rho &= \frac{1 - (1/m)\sum_{i=1}^{m} s_i^- / x_{io}}{1 + (1/s)\sum_{r=1}^{s} s_r^+ / y_{ro}}, \\
\text{s.t. } & x_o = X\lambda + s^-, \\
& y_o = Y\lambda - s^+, \\
& \lambda \geq 0, s^- \geq 0, s^+ \geq 0.
\end{aligned} \quad (2.4)$$

该 SBM 模型在 CRS 假设下，研究各 DMU 的投入产出状况：当 $\rho < 1$ 时，说明 DMU_o 在生产过程中不必要地消耗了过多的投入资源，没有达到技术可行范围内的生产能力，s^- 不为零说明存在投入过剩的情况，s^+ 不为零说明存在产出不足的情况，也说明 DMU_o 是非有效的；当 $\rho = 1$ 且各个松弛变量均为零时，代表 DMU_o 的任何投入量均不能再减少，以及任何产出量不能再增加，说明 DMU_o 是有效的。

本研究采用规模收益不变假设下的 SBM 模型评估城市可持续发展绩效。具体效率计算中，从生态文明发展指数和生态投入指数两个方面，共选用 5 个维度指标，包括经

---

① 魏权龄.数据包络分析[M].北京：科学出版社，2004.
② Tone, K. A slacks-based measure of efficiency in data envelopment analysis[J]. European Journal of Operational Research, 2001, 130(3): 498-509.

济产出指标、社会产出指标、环境产出指标、资源消耗指标和污染排放指标,能够从经济、社会和环境发展水平、资源消耗程度及污染排放状况等方面综合评价城市的可持续发展状况。

2.3.2 Malmquist 模型

Malmquist 模型在 1953 年由 Malmquist 提出,并用于组织的动态效率评价[①]。Caves 等人在非参数规划的框架下,通过距离函数之比构造 Malmquist 生产率指数,用四个线性规划问题计算相邻时期和跨时期的四个距离函数,求其几何平均得出生产率变化[②]。Färe 等人将这一理论与 DEA 方法相结合,通过 DEA 方法计算距离函数,并开始广泛应用于各类生产效率的测算[③]。

Malmquist 生产率指数(Malmquist Productivity Index,MPI)可进一步分解为效率变动(Efficiency Change,EC)和技术变动(Technical Change,TC),以找出其各自变动对全要素生产率变动的影响[④]。效率变动 EC 由 Farrell 在 1957 年提出,指在给定一组投入要素下,企业的实际产出与同样投入假设情况下的最大产出之比[⑤]。技术变动 TC 是技术水平的变化率,指一定时期内生产前沿面变动而导致生产率的变化,衡量一定时期内生产组织参考集合的变动情况[⑥]。

2.4 指数与指标数据采集与处理

2.4.1 城市生态文明发展指数(UECDI)及指标处理

城市生态文明发展指标体系在原城市人类发展指标体系基础上进行扩展,从环境、社会、经济三个层面构建,城市生态文明发展指数(UECDI)由环境产出指标(ENOI)、社

[①] Malmquist, S. Index number and indifference surface[J]. Trabajors de Estatistica, 1953, 4: 209-242.
[②] Caves, D W, Christensen, L R, Diewert, W E. The economic theory of index numbers and the measurement of input and output and productivity[J]. Econometrica, 1982, 50: 1393-1414.
[③] Färe, R, Grosskopf, S, Lindgren, B, Roos, P. Productivity developments in Swedish hospitals: A Malmquist output index approach[J]. Data Envelopment Analysis Theory Methodology & Applications, 1994.
[④] Färe, R, Grosskopf, S, Lovell, C A K. Productivity change in Swedish pharmacies 1980-1989: A nonparametric Malmquist approach[J]. Journal of Productivity Analysis, 1992, 3: 85-101.
[⑤] Farrell, M J. The measurement of production efficiency[J]. Journal of the Royal Statistical Society, 1957, 120: 253-281.
[⑥] Dimas, G, Goula, A, Soulis, S. Productive performance and its components in Greek public hospitals[J]. Operational Research, 2012, 12(1): 15-27.

会产出指标(SOI)和经济产出指标(ECOI)经算术平均得到：

$$UECDI = \frac{1}{3}(ENOI + SOI + ECOI). \tag{2.5}$$

1. 环境产出指标(ENOI)

环境产出指标(ENOI)用人均绿地面积(Per Capita Green Areas，GA_{pc})来衡量，具体使用市辖区绿地面积除以市辖区常住人口总数，经无量纲处理后得到：

$$ENOI = \frac{GA_{pc} - 0}{GA_{pc(MAX)} - 0}. \tag{2.6}$$

式中，$GA_{pc(MAX)}$ 表示样本城市人均绿地面积的最大值，常数 0 是假定人均绿地面积最小值为 0。市辖区绿地面积是指辖区各种绿地总面积，包括公园绿地、单位附属绿地、居住区绿地、生产绿地、防护绿地和风景林地。"市辖区"包括辖县和辖市以外的所有城区。2011—2017 年城市市辖区绿地面积数据主要来自《中国城市统计年鉴》中"绿地面积及建成区绿化覆盖面积(市辖区)"项，部分缺失数据取自对应省市统计年鉴中城市园林绿地面积。

市辖区常住人口缺少官方统计数据，故采用以下方式估算：市辖区常住人口＝市辖区户籍人口＋(全市常住人口－全市户籍人口)×α，其中 α 是全市外来人口进入市辖区的比例。基于可获取数据估算城市外来人口进入市辖区比例约在 0.85～0.95 之间，故 α 取值 0.9。全市户籍人口及市辖区户籍人口数据从《中国城市统计年鉴》获取，全市常住人口数据取自相关省市统计年鉴。

2. 社会产出指标(SOI)

社会产出指标(SOI)由 3 个分项指标构成，分别是综合教育指标(CEI)、医疗指标(MI)和城乡收入差距指标(EII)：

$$SOI = \frac{1}{3}(CEI + MI + EII). \tag{2.7}$$

（1）综合教育指标(CEI)

综合教育指标(Comprehensive Education Index，CEI)在联合国 2018 年人类发展报告中教育指标(即原教育指标 EI)的基础上，增加教育公共设施状况，用平均受教育年数指标(Mean Years of Schooling Index，MYSI)、预期受教育年数指标(Expected Years of Schooling Index，EYSI)和教育公共服务指标(Educational Public Service Index，EPSI)三者的算术平均值衡量，如下：

$$CEI = \frac{1}{3}(MYSI + EYSI + EPSI), \tag{2.8}$$

$$MYSI = \frac{MYS - 0}{15 - 0}, \tag{2.9}$$

$$EYSI = \frac{EYS - 0}{18 - 0}, \tag{2.10}$$

$$EPSI = \frac{EPS - 0}{EPS_{MAX} - 0}. \tag{2.11}$$

平均受教育年数指 25 岁及以上人群实际受教育年数；预期受教育年数指一个 5 岁儿童一生将要接受的教育年数；教育公共服务水平用万人学校数表征，即平均每万人拥有的学校数量。将 MYS、EYS 和 EPS 分别代入式(2.9)、式(2.10)、式(2.11)进行标准化处理，进一步计算得到综合教育指标(CEI)。式(2.9)和式(2.10)中，常数 0、15 和 18 分别为联合国 2018 年人类发展报告设定的受教育年数最小值、最大值和预期受教育年数最大值；式(2.11)中，EPS_{MAX} 表示样本城市中万人学校数的最大值，常数 0 是假定城市学校数最小值为 0。

平均受教育年数(MYS)和预期受教育年数(EYS)在现有统计资料中，并无直接数据可查，根据可获取及合理性原则，本研究采用下述方法分别对 MYS 和 EYS 进行折算。

平均受教育年数(MYS)由各学历人群受教育年数加权平均得到

$$平均受教育年数(MYS) = \sum P_i E_i / P$$

式中，P_i 为具有 i 种文化程度的人口数，E_i 为 i 种文化程度受教育年数，其中，大专以上文化程度教育年数为 16、高中文化程度为 12、初中文化程度为 9、小学文化程度为 6、文盲为 0。文化程度 i 根据学制确定，P 为城市总人数，P_i、E_i 取自城市第六次人口普查统计公报。

预期受教育年数(EYS)由各教育阶段净入学率累加获得

$$预期受教育年数(EYS) = \lambda_{小学} \times 6 + \lambda_{初中} \times 3 + \lambda_{高中} \times 3 + \lambda_{大学} \times 4$$

式中，λ_i 表示各教育阶段净入学率，i 的范围为 1～16 年级(不考虑幼儿园及研究生以上教育)。由于净入学率难以精确统计，改用毛入学率近似计算。

各教育阶段毛入学率主要通过查找城市《教育事业发展统计公报》《国民经济与社会发展统计公报》《教育事业发展第十二个五年规划》《教育事业发展第十三个五年规划》

《教育事业发展中长期规划》《中长期教育改革与发展规划》获得。高等教育（大学阶段）毛入学率缺少直接统计数据，采用以下方法推算：根据已有数据计算出年均增长率 $x=\left[\left(\dfrac{本期}{前n年}\right)^{\frac{1}{n}}-1\right]\times100\%$，再将年均增长率 x 代入 $M=A\times(1+x)^{(M-A)}$，估算未知年份数据；对往年数据相对较多且增长速度明显不同的城市，以相邻两个年份增长率均值估算；该项数据完全缺失城市用相应省份数据代替。

表征教育公共服务水平的学校包括普通中学、小学、中等职业教育学校、高等学校，各教育阶段的学校数量主要来自《中国城市统计年鉴》，部分来自城市国民经济和社会发展统计公报。

(2) 医疗指标（MI）

医疗指标（Medical Index，MI）在联合国 2018 年人类发展报告中预期寿命指标（Life Expectancy Index，LEI）的基础上，增加医疗公共设施状况，用预期寿命指标（LEI）和医疗公共服务指标（Medical Public Service Index，MPSI）二者的算术平均值衡量。

$$MI=\dfrac{1}{2}(LEI+MPSI) \tag{2.12}$$

$$LEI=\dfrac{LE-20}{85-20} \tag{2.13}$$

$$MPSI=\dfrac{MPS-0}{MPS_{MAX}-0} \tag{2.14}$$

预期寿命用人均预期寿命年限（LE）衡量；医疗公共服务水平（MPS）用万人医院/卫生院床位数表征，即平均每万人拥有医院床位数量。本研究将 35 个大中城市人均预期寿命值和医院卫生院床位数，分别代入式（2.13）和式（2.14）进行标准化处理，得到城市预期寿命指标（LEI）和医疗公共服务指标（MPSI）。式（2.13）中，常数 85 和 20 分别为联合国 2018 年人类发展报告设定的预期寿命最大值和最小值；式（2.14）中，MPS_{MAX} 表示样本城市中万人医院/卫生院床位数的最大值，常数 0 表示万人医院/卫生院床位数最小值取 0。

城市预期寿命难以从统计年鉴上获取，主要通过网络关键词搜索城市人均预期寿命取得，网络搜索来源于城市统计局、疾控中心、卫生健康委员会、卫生计生委等机构公布的信息。对缺少官方机构发布数据的部分城市，通过对该市"十二五""十三五"规划提出的人均预期寿命目标调整获得。对无法从上述渠道获取数据的个别城市，通过已查得年份数据增长趋势推算增长率。医院、卫生院床位数的数据主要来自《中国城市统计年鉴》。

(3) 城乡收入差距指标(URIGI)

城乡收入差距指标(Urban-Rural Income Gap Index，URIGI)用城乡居民可支配收入比(Ratio of Disposable Income for Urban and Rural Residents，URDIR)衡量,用城镇居民年均可支配收入除以农村居民年均可支配收入,经无量纲处理得到城乡收入差距指标

$$URIGI = \frac{URDIR_{MAX} - URDIR}{URDIR_{MAX} - 1} \quad (2.15)$$

式中,$URDIR_{MAX}$ 表示样本城市城乡居民可支配收入比的最大值,常数 1 表示城乡居民可支配收入比最小值取 1,当城镇居民年均可支配收入等于农村居民年均可支配收入时,不存在城乡收入差距,对绝大部分城市来说这一目标短期内无法达到。

城镇居民年均可支配收入与农村居民年均可支配收入均来自城市统计年鉴,考虑到深圳城市化率已达 100%,故城乡居民可支配收入比取 1。

(3) 经济产出指标(ECOI)

经济产出指标(ECOI)参考联合国 2018 年人类发展报告中收入指标(II),用购买力平价(PPP)折算成国际元的人均国内生产总值(GDP_{pc})衡量①,人民币对国际元的折算系数为 3.505 5②,经无量纲处理得到城市经济产出指标

$$ECOI = \frac{\ln(GNI_{pc}) - \ln(100)}{\ln(75\ 000) - \ln(100)} \quad (2.16)$$

式中,采用对数方法对收入指标进行标准化,其中,常数 100 和 75 000 分别为联合国 2018 年人类发展报告设定的人均国内收入最小值和最大值。城市人均国内生产总值(GDP_{pc})数据来源于国家统计局或省统计局。

由于各分项指标经过无量纲处理,城市生态文明发展指数(UECDI)取值在 0 至 1 之间,越接近 0,表明城市生态文明发展水平越低,经济、社会、环境等方面的产出越少;越接近 1,表明城市生态文明发展水平越高,经济、社会、环境等方面的产出越多。

---

① 联合国 2018 年人类发展报告中收入指数的计算采用购买力平价(PPP)折算后的人均国民收入(GNI_{pc})为参数,而中国的城市统计数据普遍采用国内生产总值 GDP 作为经济发展的主要指标。据余芳东等学者研究"从我国历史上看,人均 GDP 和人均 GNI 两者差异不到 2%"(余芳东等.我国人均 GDP 和人均 GDI 国际位次稳步提高.中国信息报. 2011 年 5 月 18 日.http://www.zgxxb.com.cn/xwzx/201105180007.shtml),故本书采用人均国内生产总值 GDP_{pc} 替代 GNI_{pc},对数据计算的可靠性、可比性影响不大。

② 本书采用的 2011 年人民币购买力平价折算系数为 3.505 5,根据国际货币基金组织(IMF)世界经济概况(World Economic Outlook,简称 WEO)发布的世界经济概况报告(World Economic Outlook report)估算而得,https://www.imf.org/external/pubs/ft/weo/2016/01/weodata/index.aspx。

城市生态文明发展分项指标数据来源,见表2-4。

表2-4 城市生态文明发展分项指标数据来源

二级指标	底层指标	主要数据来源
环境产出指标（ENOI）	人均绿地面积（m²/人）	《中国城市统计年鉴》、城市统计年鉴
社会产出指标（SOI）	平均受教育年数 MYS（年）	城市第六次人口普查统计公报
	预期受教育年数 EYS（年）	《教育事业发展统计公报》《国民经济与社会发展统计公报》等
	万人学校数（所/万人）	《中国城市统计年鉴》《国民经济和社会发展统计公报》
	人均预期寿命（年）	城市统计局、疾控中心、卫生健康委员会、卫生计生委等机构公布的信息
	万人医院/卫生院床位数（张/万人）	《中国城市统计年鉴》
	城乡居民可支配收入比	城市统计年鉴
经济产出指标（ECOI）	人均GDP（元/人）	《中国城市统计年鉴》

2.4.2 城市生态投入指数（UEII）及指标处理

城市生态投入指数（UEII）由城市资源消耗指标（URCI）和城市污染排放指标（UPDI）经算术平均得到：

$$UEII = \frac{1}{2}(URCI + UPDI), \quad (2.17)$$

$$URCI = \frac{1}{3}(UWCI + ULRI + UECI), \quad (2.18)$$

$$URDI = \frac{1}{3}(UWPI + UAPI + USWI)$$

$$= \frac{1}{6}(UWP_{COD} + UWP_{N-NH_4} + UAP_{SO_2} + UAP_{NO_x} + USW_{Ind} + USW_{Hh}). \quad (2.19)$$

城市资源消耗指标（URCI）由3个分项指标构成,分别是城市水资源消耗指标（Urban Water Consumption Index，UWCI）、城市土地资源消耗指标（Urban Land Resource Consumption Index，ULRI）和城市能源消耗指标（Urban Energy Consumption Index，UECI）。水资源消耗指标通过城市供水总量衡量,土地资源消耗指标用市辖区建成区面积衡量,能源消耗指标用年度综合能耗衡量。将城市供水总量、城市年度综合能耗两个总量指标分别除以城市常住人口,用市辖区建成区面积除以市辖区常住人口,得到资源消耗的 3 个分项人均指标,再经无量纲处理取算术平均值得到,见式(2.18)。

城市污染排放指标(UPDI)由 3 个分项指标构成,分别为城市水污染排放指标(Urban Water Pollution Index,UWPI)、城市空气污染排放指标(Urban Air Pollution Index,UAPI)、城市固体废物排放指标(Urban Solid Waste Index,USWI)。根据数据可得性和政策重要性原则,城市水污染排放指标通过水污染物中化学需氧量(COD of Urban Water Pollution,UWP_{COD})和氨氮排放量(N-NH$_4$ of Urban Water Pollution,UWP_{N-NH_4})衡量;城市空气污染排放指标通过大气污染物中二氧化硫(SO$_2$ of Urban Air Pollution,UAP_{SO_2})和氮氧化物(NO$_x$ of Urban Air Pollution,UAP_{NO_x})衡量;城市固体废物排放指标通过固体废物中工业固体废弃物(Ind of Urban Solid Waste,USW_{Ind})和生活垃圾清运量(Hh of Urban Solid Waste,USW_{Hh})衡量。六类污染物总量指标分别除以城市常住人口数,得到人均排放量指标,再经标准化无量纲处理取算术平均值,得到城市污染排放指标(UPDI),见式(2.19)。

由于各分项指标经过无量纲处理,城市生态投入指数(UEII)取值在 0 至 1 之间,越接近 0,表明城市生态投入水平越低,在城市发展中所占用的水、地、能、材等资源以及所排放的废水废气和固体废弃物越少;越接近 1,表明城市生态投入水平越高,在城市发展中所占用的水、地、能、材等资源以及所排放的废水废气和固体废弃物越多。

城市生态投入分项指标计算方法及数据来源,见表 2-5。

表 2-5　　城市生态投入分项指标计算方法及数据来源

二级指标	底层指标	计算公式	主要数据来源
城市水资源消耗指标(UWCI)	人均供水量(t/人)	城市总供水量/常住人口	《中国城市统计年鉴》、城市《统计年鉴》
城市土地资源消耗指标(ULRI)	人均建成区面积(m^2/人)	市辖区建成区面积/常住人口	《中国城市统计年鉴》
城市能源消耗指标(UECI)	人均消费标准煤(tce/人)	城市年度能源消费总量/常住人口	城市《统计年鉴》
城市水污染排放指标(UWPI)	人均化学需氧量排放量(kg/人)	化学需氧量排放总量/常住人口	《中国环境统计年鉴》、城市《统计年鉴》
	人均氨氮排放量(kg/人)	氨氮排放总量/常住人口	
城市空气污染排放指标(UAPI)	人均二氧化硫排放量(kg/人)	二氧化硫排放总量/常住人口	
	人均氮氧化物排放量(kg/人)	氮氧化物排放总量/常住人口	

续 表

二级指标	底层指标	计算公式	主要数据来源
固体废物排放指标（USWI）	人均工业固体废弃物产生量(t/人)	工业固体废物产生总量/常住人口	城市《统计年鉴》、环境公告或固体废物污染环境防治信息公告
	人均生活垃圾清运量(t/人)	生活垃圾清运总量/常住人口	城市《统计年鉴》、城市环境状况公报

城市常住人口数据来自《中国城市统计年鉴》。城市总供水量指公用自来水厂和自备水源的社会单位全年供水量，包括有效供水量和损失供水量，数据大部分来自《中国城市统计年鉴》和各城市统计年鉴，部分缺失数据从政府网站或统计公报获得，对于无法获得的数据，采用缺失数据前三年总供水量平均增长率推算。

市辖区建成区面积指城市行政区内实际已开发建设、市政公用设施和公共设施基本具备的区域。数据主要来源于《中国城市统计年鉴》中"建成区面积（市辖区）"，对于部分缺失数据，沿用上一年数据。

城市年度能源消费总量指一定时期内，城市各行业和居民生活消费的各种能源总和，该指标是观察能源消费水平、构成和增长速度的总量指标。能源消费总量包括原煤原油及其制品、天然气、电力，不包括低热值燃料、生物质能和太阳能等，分为终端能源消费量、能源加工转换损失量和能源损失量三部分。本指标数据主要来自《中国城市统计年鉴》、城市统计年鉴或国民经济与社会发展统计公报；对于部分只能获取单位 GDP 能耗的城市，通过公式"综合能耗＝单位 GDP 能耗×GDP 总量"推算；另有部分数据通过能耗增长率推算得到。

化学需氧量（COD）指测量有机和无机物质化学分解所消耗氧的质量浓度的水污染指标；氨氮排放量指排放废水中所含氨氮污染物本身的纯质量。理论上化学需氧量和氨氮排放量包括工业、城镇生活和农业三个源头，但我国环境统计年鉴中仅列出生活排放和工业排放两个来源，考虑到数据可获得性和数据一致性，本研究只采用工业和城镇生活两项来源。城市二氧化硫排放数据统一采用工业二氧化硫排放量，指企业在燃料燃烧和生产工艺过程中排入大气的二氧化硫质量。氮氧化物排放量指生活和生产中排入大气的氮氧化物总质量，包括工业源、城镇生活源、机动车、集中式治理设施四个源头。城市化学需氧量、氨氮排放量数据主要来源包括《中国环境统计年鉴》《中国城市统计年鉴》、城市统计年鉴，城市环保部门统计网站及相关文件等。

工业固体废物产生量指工业企业在生产过程中产生的固体状、半固体状和高浓度液体状废弃物的总量，包括冶炼废渣、粉煤灰、炉渣、煤矸石、化工废渣、尾矿、放射性废渣和其他废渣等,不包括矿山开采的剥离废石和掘进废石(煤矸石和呈酸性或碱性的废石除外),酸性或碱性废石是指采掘的废石其流经水、雨淋水 pH 值小于 4 或 pH 值大于 10.5 者。固体废物产生量均来源于各城市统计年鉴、环境公告或固体废物污染环境防治信息公告。

生活垃圾清运量指报告期内收集和运送到各垃圾处理场(厂)的垃圾数量。各市生活垃圾清运量主要来源于各城市统计年鉴和环境状况公报。

中　篇

中国35个大中城市可持续发展评估

中国 35 个大中城市可持续发展指数排名与解读

城市生态投入与城市生态文明发展相匹配是城市可持续发展之路的基本原则,在判断城市可持续发展状态的过程中,对城市生态投入加以分析具有较大的理论和应用价值。城市生态投入分为资源消耗和污染排放两个方面,评估城市的资源消耗是当前"节能"政策的必然要求,而分析城市污染排放则直接回答城市"减排"的问题所在。城市生态文明发展体现在城市的综合产出上,包括环境、经济和社会产出三方面,是衡量城市资源投入产出效果的重要依据。

为了更加全面地判断、发现和掌握当前我国城市发展投入产出的总体特征,本章对 2017 年 35 个大中城市生态投入指数、生态文明发展指数进行排名、分级分析,进而就各分项指标深入解读 35 个城市的生态投入、消耗与产出状况,划分区域并对其生态投入产出特征进行总结分析。

3.1 城市生态投入指数排名及分析

3.1.1 城市生态投入指数排名

基于第二章中城市生态投入指标体系和测算方法,对中国 35 个大中城市资源消耗、污染排放的水平和综合的生态投入水平进行定量分析,得到各城市生态投入指数和资源消耗指标、污染排放指标的测算结果与排名,见表 3-1。其中,生态投入指数的值在 0 与 1 之间,值越低,说明城市发展过程中的资源消耗和污染排放越少,城市的生态投入指数排名越靠前。

表 3-1　　　　中国 35 个大中城市生态投入指数及分项指标排名（2017 年）

城市	生态投入指数（EII）		资源消耗指标（RCI）		污染排放指标（PDI）	
	得分	排名	得分	排名	得分	排名
石家庄	0.202	1	0.246	1	0.158	2
哈尔滨	0.228	2	0.264	2	0.192	8
重庆	0.250	3	0.279	3	0.221	15
郑州	0.255	4	0.323	5	0.188	4
济南	0.257	5	0.322	4	0.192	7
成都	0.273	6	0.350	7	0.195	9
天津	0.279	7	0.342	6	0.217	13
长春	0.280	8	0.386	15	0.174	3
北京	0.283	9	0.351	8	0.215	11
青岛	0.283	10	0.427	21	0.140	1
长沙	0.288	11	0.360	11	0.215	12
福州	0.288	12	0.365	12	0.211	10
沈阳	0.296	13	0.354	10	0.239	17
西安	0.298	14	0.403	17	0.192	6
大连	0.309	15	0.353	9	0.265	20
南宁	0.316	16	0.403	16	0.229	16
海口	0.321	17	0.376	14	0.266	21
兰州	0.322	18	0.454	25	0.189	5
杭州	0.334	19	0.409	18	0.259	19
南昌	0.347	20	0.440	23	0.254	18
合肥	0.348	21	0.479	29	0.218	14
宁波	0.350	22	0.414	19	0.287	24
上海	0.360	23	0.425	20	0.295	26
昆明	0.365	24	0.427	22	0.303	27
西宁	0.382	25	0.366	13	0.397	33
贵阳	0.384	26	0.453	24	0.316	29

续 表

城市	生态投入指数(EII)		资源消耗指标(RCI)		污染排放指标(PDI)	
	得分	排名	得分	排名	得分	排名
厦门	0.388	27	0.493	30	0.282	23
武汉	0.388	28	0.464	26	0.312	28
深圳	0.407	29	0.545	32	0.269	22
太原	0.422	30	0.477	28	0.368	31
呼和浩特	0.426	31	0.467	27	0.385	32
广州	0.437	32	0.587	33	0.288	25
南京	0.471	33	0.606	34	0.337	30
乌鲁木齐	0.480	34	0.539	31	0.420	35
银川	0.511	35	0.621	35	0.400	34

从得分情况来看,35个大中城市生态投入指数得分区间为0.202～0.511,均值0.338。其中,资源消耗指标得分区间为0.246～0.621,均值0.416;污染排放指标得分区间为0.140～0.420,均值0.260。

从整体的排名情况来看,生态投入排名靠前的城市石家庄、重庆、哈尔滨等人均GDP都相对较低,在35个城市中位列后五位范围。因此,该类城市生态投入较低由自身经济发展水平及能源消费水平较低引起。另外,除城市本身的资源禀赋和经济发展条件外,部分城市排名靠前则是因为积极推进城市可持续发展建设。例如,长沙市的生态投入指数排名第11,但人均GDP水平在35个大中城市中位居第4,这与该市近年来推进生态保护和污染防治、加大节能减排力度、扶持节能产业等政策密不可分。

生态投入排名靠后的城市主要有两类:一类是东部上海、南京、广州、深圳等长三角、珠三角经济区的领头城市,突出表现为资源消耗水平较高。以深圳为例,近年来,深圳市发展较快,人均GDP在35个城市中排名第1,城市在土地、水、能源等领域投入较大,资源消耗指数较高。另一类是西部银川、呼和浩特、乌鲁木齐、西宁等西部经济较发达城市,突出表现为污染排放水平较高。以银川为例,沙尘天气、黄河水质污染等影响了城市环境,且工业产业以重工业、高能耗产业为主,2017年六大高耗能行业增加值增长占规模以上工业增加值的61.4%,工业排放物对环境的污染不容小觑。

3.1.2 城市生态投入水平分级

根据中国35个大中城市城市生态投入指数的得分区间(0.202～0.511),以"组内差距较小、组间差距较大"的原则,将35个大中城市的生态投入水平分为4个级别,分别代表四类不同程度的投入水平。中国35个大中城市生态投入水平分级,见表3-2。

表3-2　　　　　　　　中国35个大中城市生态投入水平分级(2017年)

水平分级	城市	得分	排名	均值	个数	特征
第Ⅰ级别	石家庄	0.202	1	0.238	5	低生态投入
	哈尔滨	0.228	2			
	重庆	0.250	3			
	郑州	0.255	4			
	济南	0.257	5			
第Ⅱ级别	成都	0.273	6	0.285	9	中低生态投入
	天津	0.279	7			
	长春	0.280	8			
	北京	0.283	9			
	青岛	0.283	10			
	长沙	0.288	11			
	福州	0.288	12			
	沈阳	0.296	13			
	西安	0.298	14			
第Ⅲ级别	大连	0.309	15	0.337	10	中等生态投入
	南宁	0.316	16			
	海口	0.321	17			
	兰州	0.322	18			
	杭州	0.334	19			
	南昌	0.347	20			
	合肥	0.348	21			
	宁波	0.350	22			
	上海	0.360	23			
	昆明	0.365	24			
第Ⅳ级别	西宁	0.382	25			
	贵阳	0.384	26			
	厦门	0.388	27			
	武汉	0.388	28			

续表

水平分级	城市	得分	排名	均值	个数	特征
第Ⅳ级别	深圳	0.407	29	0.427	11	高生态投入
	太原	0.422	30			
	呼和浩特	0.426	31			
	广州	0.437	32			
	南京	0.471	33			
	乌鲁木齐	0.480	34			
	银川	0.511	35			

如表3-2所示，第Ⅰ级别城市的分值低于0.273，生态投入均值为0.238，包括石家庄、哈尔滨、重庆、郑州、济南等5个城市，这些城市的生态投入水平最低；第Ⅱ级别城市的分值在0.273～0.298之间，生态投入均值为0.285，包括成都、天津、长春、北京、青岛、长沙、福州、沈阳、西安等9个城市，这些城市生态投入水平较低，处于中下水平；第Ⅲ级别城市的分值在0.456～0.507之间，生态投入均值为0.480，包括大连、南宁、海口、兰州、杭州、南昌、合肥、宁波、上海、昆明等10个城市，这些城市生态投入水平一般，基本处于中等水平；第Ⅳ级别城市的分值在0.382以上，生态投入均值为0.427，包括西宁、贵阳、厦门、武汉、深圳、太原、呼和浩特、广州、南京、乌鲁木齐、银川等11个城市，这些城市生态投入相对最高。中国35个大中城市生态投入分级，见图3-1。

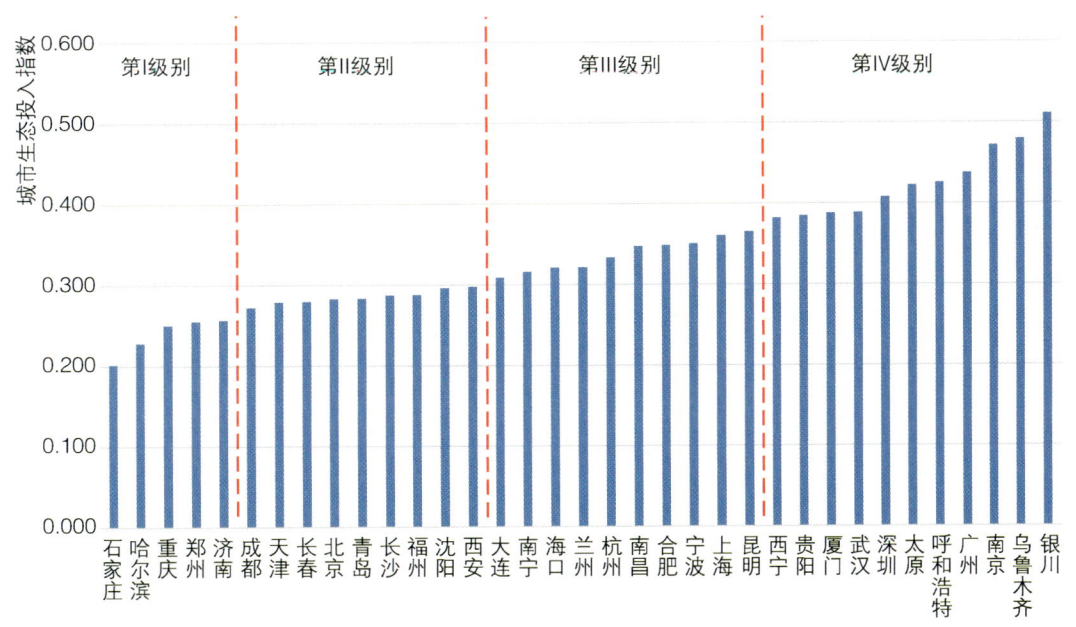

图3-1 中国35个大中城市生态投入水平分级（2017年）

我国 35 个大中城市生态投入水平并未呈现严格的阶梯分布,生态投入水平较低的第Ⅰ、Ⅱ级别具有一定的连续型分布特征,第Ⅲ级别的城市与第Ⅱ级别城市间存在较大差距,第Ⅳ级别城市的生态投入水平显著高于其他级别的,组内差别较大。

3.1.3 城市生态投入分项指标分析

1. 资源消耗分项指标排名及分级

1) 资源消耗指标分级

基于城市资源消耗水平,包括水资源消耗、土地资源消耗、能源消耗,进行定量分析,得到中国 35 个大中城市资源消耗指标及分项指标排名(2017 年),见表 3-3。

表 3-3　　中国 35 个大中城市资源消耗指标及分项指标排名(2017 年)

城市	资源消耗指标（RCI）		水资源消耗指标（WCI）		土地资源消耗指标（LRI）		能源消耗指标（ECI）	
	得分	排名	得分	排名	得分	排名	得分	排名
石家庄	0.246	1	0.277	3	0.347	2	0.114	8
哈尔滨	0.264	2	0.230	1	0.406	4	0.154	15
重庆	0.279	3	0.297	6	0.415	5	0.126	10
济南	0.322	4	0.298	7	0.520	16	0.146	13
郑州	0.323	5	0.254	2	0.635	25	0.080	6
天津	0.342	6	0.334	9	0.456	7	0.235	30
成都	0.350	7	0.421	15	0.580	19	0.047	3
北京	0.351	8	0.467	20	0.437	6	0.150	14
大连	0.353	9	0.432	17	0.517	14	0.111	7
沈阳	0.354	10	0.495	21	0.518	15	0.048	4
长沙	0.360	11	0.386	12	0.651	27	0.044	2
福州	0.365	12	0.345	10	0.533	17	0.216	25
西宁	0.366	13	0.413	14	0.482	10	0.203	22
海口	0.376	14	0.628	29	0.493	11	0.008	1
长春	0.386	15	0.285	4	0.752	30	0.120	9
南宁	0.403	16	0.542	26	0.590	20	0.077	5

续 表

城市	资源消耗指标（RCI）		水资源消耗指标（WCI）		土地资源消耗指标（LRI）		能源消耗指标（ECI）	
	得分	排名	得分	排名	得分	排名	得分	排名
西安	0.403	17	0.565	27	0.509	13	0.136	12
杭州	0.409	18	0.535	25	0.473	9	0.217	27
宁波	0.414	19	0.616	28	0.461	8	0.165	18
上海	0.425	20	0.781	31	0.272	1	0.224	28
青岛	0.427	21	0.286	5	0.812	31	0.183	20
昆明	0.427	22	0.451	19	0.666	28	0.165	19
南昌	0.440	23	0.523	23	0.637	26	0.160	17
贵阳	0.453	24	0.426	16	0.718	29	0.215	24
兰州	0.454	25	0.444	18	0.631	24	0.288	33
武汉	0.464	26	0.794	32	0.372	3	0.227	29
呼和浩特	0.467	27	0.323	8	0.835	33	0.242	31
太原	0.477	28	0.511	22	0.617	23	0.303	34
合肥	0.479	29	0.396	13	0.915	35	0.127	11
厦门	0.493	30	0.671	30	0.599	21	0.209	23
乌鲁木齐	0.539	31	0.528	24	0.834	32	0.255	32
深圳	0.545	32	0.980	33	0.499	12	0.156	16
广州	0.587	33	1.000	35	0.572	18	0.188	21
南京	0.606	34	0.988	34	0.615	22	0.216	26
银川	0.621	35	0.377	11	0.838	34	0.648	35

从排名情况来看，资源消耗指标值最低的前10个城市分别是石家庄、哈尔滨、重庆、济南、郑州、天津、成都、北京、大连、沈阳；排名11～25名的城市分别为长沙、福州、西宁、海口、长春、南宁、西安、杭州、宁波、上海、青岛、昆明、南昌、贵阳、兰州；资源消耗指标值最高的10个城市分别是武汉、呼和浩特、太原、合肥、厦门、乌鲁木齐、深圳、广州、南京、银川。

从得分情况来看，35个大中城市资源消耗指标得分区间为0.246～0.621，均值0.416。其中，水资源消耗指标得分区间为0.230～1，均值0.494；土地资源消耗指标得分区间为0.272~0.915,均值0.577;能源消耗指标得分区间为0.008~0.648,均值0.177。

2) 资源消耗指标分级

按资源消耗各分项指标排名的高低,分别绘制中国35个大中城市水资源消耗指标(图3-2)、土地资源消耗指标(图3-3)、能源消耗指标(图3-4)的分级。

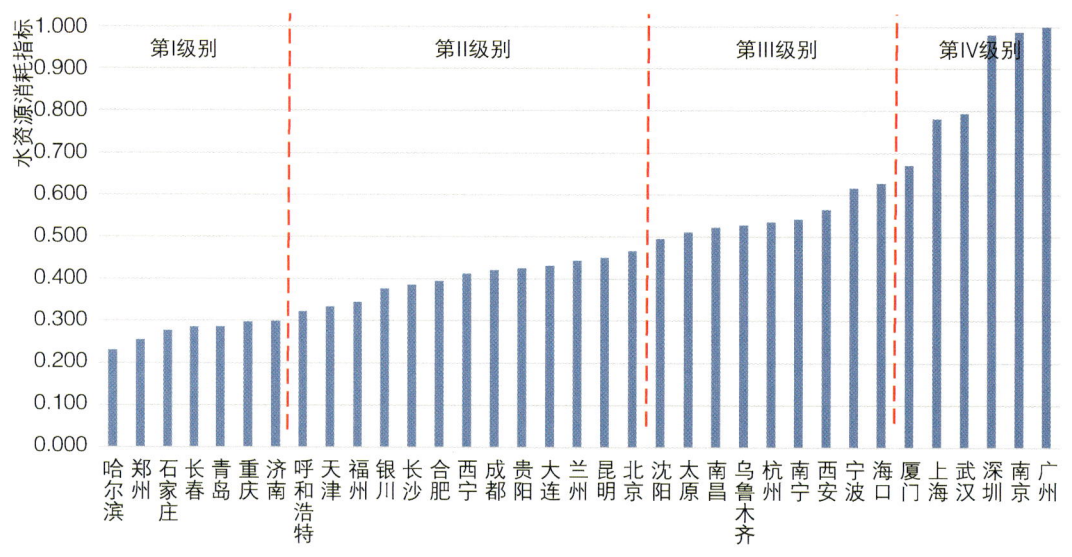

图3-2 中国35个大中城市水资源消耗分级(2017年)

(1) 水资源消耗指标分级

从图3-2可以看出,水资源消耗指标值最低的10个城市分别是哈尔滨、郑州、石家庄、长春、青岛、重庆、济南、呼和浩特、天津、福州,水资源消耗指标平均值为0.293。

水资源消耗指标值最高的5个城市分别是上海、武汉、深圳、南京、广州,平均值为0.909,均处于长江以及南方主要支流流域,水资源相对充足,均属于区域内的领军城市,人口众多,水资源需求量大。

从水资源消耗指标值的差异程度来看,35个大中城市呈显著的阶梯分布。第Ⅰ级别为水资源消耗水平最低的城市,均在0.30以下,包括哈尔滨、郑州、石家庄、长春、青岛、重庆、济南7个城市;第Ⅱ级别为水资源消耗水平较低的城市,指标值在0.323~0.467之间,包括呼和浩特、天津、福州、银川、长沙、合肥、西宁、成都、贵阳、大连、兰州、昆明、北京13个城市;第Ⅲ级别为水资源消耗水平处于中等的城市,指标值在0.495~0.628之间,包括沈阳、太原、南昌、乌鲁木齐、杭州、南宁、西安、宁波、海口9个城市;最后是水资源消耗水平最高的第Ⅳ级别城市,指标值均高于0.650,包括厦门、上海、武汉、深圳、南京、广州。

(2) 土地资源消耗指标分级

从图3-3可以看出,土地资源消耗在第Ⅰ、Ⅱ级别之间是稳步上升的,在第Ⅲ级别内的城市差距则逐渐拉大,特别是合肥市,其土地资源消耗指标值远远高于同组其他城市。

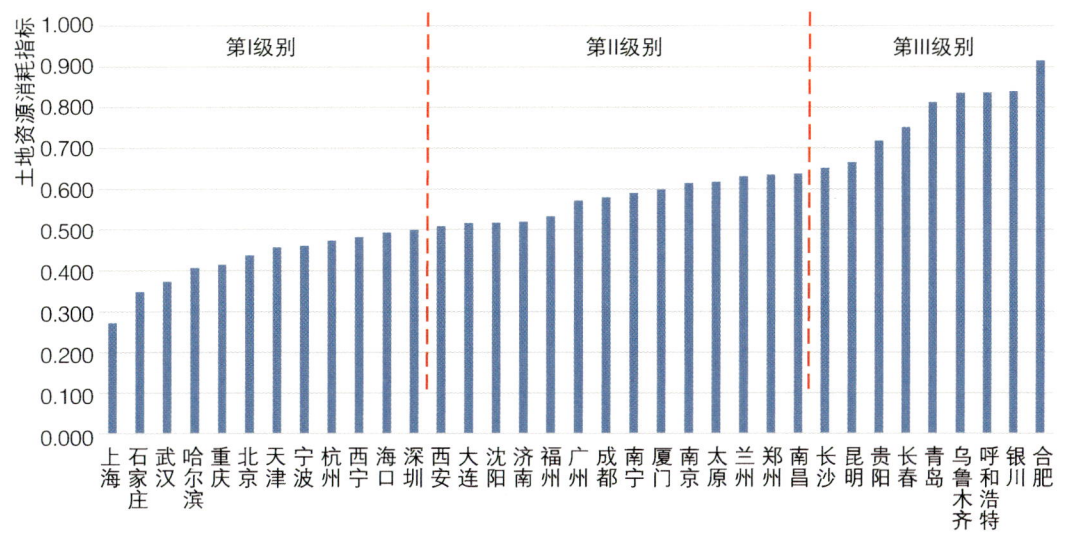

图3-3 中国35个大中城市土地资源消耗分级(2017年)

第Ⅰ级别的城市土地资源消耗指标值最低,平均值为0.426,包括上海、石家庄、武汉、哈尔滨、重庆、北京、天津、宁波、杭州、西宁、海口、深圳。这12个城市平均人均建成面积为67.46 m²,其中,上海和石家庄的人均建成面积分别为43.02 m²和54.95 m²,远低于35个城市的平均值91.40 m²。

第Ⅱ级别的城市土地资源消耗指标值在0.509~0.637之间。第Ⅲ级别的城市土地资源消耗指标值最高,均高于0.65,平均值为0.780,包括长沙、昆明、贵阳、长春、青岛、乌鲁木齐、呼和浩特、银川、合肥。这9个城市的平均人均建成区面积为123.49 m²,其中,乌鲁木齐、呼和浩特、银川、合肥的人均建成区面积均超过130 m²,远高于35个城市的平均值,土地集约利用程度较低。

(3) 能源消耗指标分级

从图3-4可以看出,第Ⅰ级别城市和第Ⅱ级别城市的能源消耗指标值均呈阶梯上升趋势,且组内差距较小,第Ⅲ级别内城市差距显著增大。

第Ⅰ级别城市能源消耗相对较低,指标值均低于0.100,包括海口、长沙、成都、沈阳、南宁、郑州。这6个城市人均标准煤消耗都未超过2 t,远低于35个城市的平均值3.88 t。特别是海口,人均消费标准煤为0.18 t,仅为35个大中城市平均水平的4.6%。

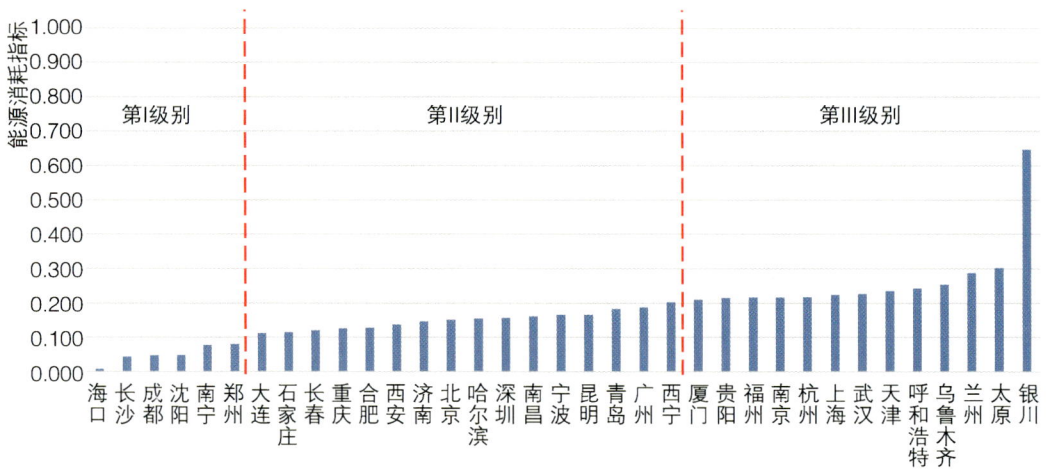

图3-4 中国35个大中城市能源消耗分级（2017年）

能源消耗最高的4个城市分别是乌鲁木齐、兰州、太原、银川，人均消耗标准煤都达到5.5 t以上，远高于其他城市。特别是银川，人均消费标准煤达到14.19 t，是消耗量最小的海口的近80倍。

2. 污染排放分项指标排名及分级

1) 污染排放指标排名

基于城市污染排放水平，包括水污染、空气污染、固体废物，进行定量分析，得到中国35个大中城市污染排放指标及分项指标排名（2017年），见表3-4。

表3-4　中国35个大中城市污染排放指标及分项指标排名（2017年）

城市	污染排放指标（PDI）		水污染排放指标（WPI）		空气污染排放指标（ARI）		固体废物排放指标（SWI）	
	得分	排名	得分	排名	得分	排名	得分	排名
青岛	0.140	1	0.121	2	0.021	1	0.277	12
石家庄	0.158	2	0.129	4	0.107	26	0.236	7
长春	0.174	3	0.271	10	0.057	13	0.195	3
郑州	0.188	4	0.203	8	0.052	10	0.309	16
兰州	0.189	5	0.126	3	0.124	28	0.317	17
西安	0.192	6	0.319	19	0.046	6	0.211	6
济南	0.192	7	0.192	7	0.049	7	0.335	18
哈尔滨	0.192	8	0.331	21	0.068	17	0.177	1
成都	0.195	9	0.259	9	0.042	4	0.286	13

续 表

城市	污染排放指标（PDI）		水污染排放指标（WPI）		空气污染排放指标（ARI）		固体废物排放指标（SWI）	
	得分	排名	得分	排名	得分	排名	得分	排名
福州	0.211	10	0.360	26	0.076	20	0.197	4
北京	0.215	11	0.134	5	0.067	16	0.443	22
长沙	0.215	12	0.338	22	0.032	2	0.275	11
天津	0.217	13	0.277	12	0.106	25	0.267	10
合肥	0.218	14	0.344	24	0.044	5	0.265	9
重庆	0.221	15	0.386	27	0.094	23	0.184	2
南宁	0.229	16	0.400	30	0.084	21	0.203	5
沈阳	0.239	17	0.282	14	0.090	22	0.344	19
南昌	0.254	18	0.435	34	0.039	3	0.288	15
杭州	0.259	19	0.275	11	0.056	12	0.446	23
大连	0.265	20	0.432	32	0.112	27	0.250	8
海口	0.266	21	0.295	16	0.051	9	0.452	25
深圳	0.269	22	0.278	13	0.050	8	0.480	27
厦门	0.282	23	0.319	20	0.052	11	0.475	26
宁波	0.287	24	0.283	15	0.073	18	0.504	29
广州	0.288	25	0.418	31	0.065	14	0.380	20
上海	0.295	26	0.398	29	0.075	19	0.413	21
昆明	0.303	27	0.105	1	0.169	31	0.635	34
武汉	0.312	28	0.391	28	0.098	24	0.448	24
贵阳	0.316	29	0.299	17	0.153	30	0.497	28
南京	0.337	30	0.433	33	0.066	15	0.511	30
太原	0.368	31	0.160	6	0.147	29	0.796	35
呼和浩特	0.385	32	0.340	23	0.273	33	0.541	31
西宁	0.397	33	0.549	35	0.355	34	0.287	14
银川	0.400	34	0.356	25	0.270	32	0.576	32
乌鲁木齐	0.420	35	0.310	18	0.370	35	0.581	33

从排名情况来看,污染排放指标值最低的前 10 个城市分别是青岛、石家庄、长春、郑州、兰州、西安、济南、哈尔滨、成都、福州;排名 11~25 的城市分别为北京、长沙、天津、合肥、重庆、南宁、沈阳、南昌、杭州、大连、海口、深圳、厦门、宁波、广州;污染排放指标值最高的 10 个城市分别是上海、昆明、武汉、贵阳、南京、太原、呼和浩特、西宁、银川、乌鲁木齐。

从得分情况来看,35 个大中城市污染排放指标得分区间为 0.140~0.420,均值 0.260。其中,水污染排放指标得分区间为 0.105~0.549,均值 0.301;空气污染排放指标得分区间为 0.021~0.370,均值 0.104;固体废物排放指标得分区间为 0.177~0.796,均值 0.374。

2) 污染排放指标分级

按污染排放各分项指标排名的高低,分别绘制中国 35 个大中城市水污染排放指标(图 3-5)、空气污染排放指标(图 3-6)、固体废弃物排放指标(图 3-7)的分级。

(1) 水污染排放指标分级

从图 3-5)可以看出,水污染排放指标值最低的 5 个城市分别是昆明、青岛、兰州、石家庄和北京,水污染排放指标平均值为 0.123。水污染排放指标值最高的 5 个城市分别是西宁、南昌、南京、大连和广州,水污染排放指标平均值为 0.453。从水污染排放指标值的差异程度来看,第 Ⅰ 级别 8 个城市的指标值均低于 0.25,平均值 0.146,组内差距相对较大;第 Ⅱ 级别 9 个城市的指标值在 0.259~0.299 之间,平均值 0.280,组内差距较小;第 Ⅲ 级别 9 个城市的指标值在 0.310~0.360 之间,平均值 0.335,组内差距亦较小;第 Ⅳ 级别 9 个城市的指标值在 0.386~0.549 之间,平均值 0.427,组内差异较明显。

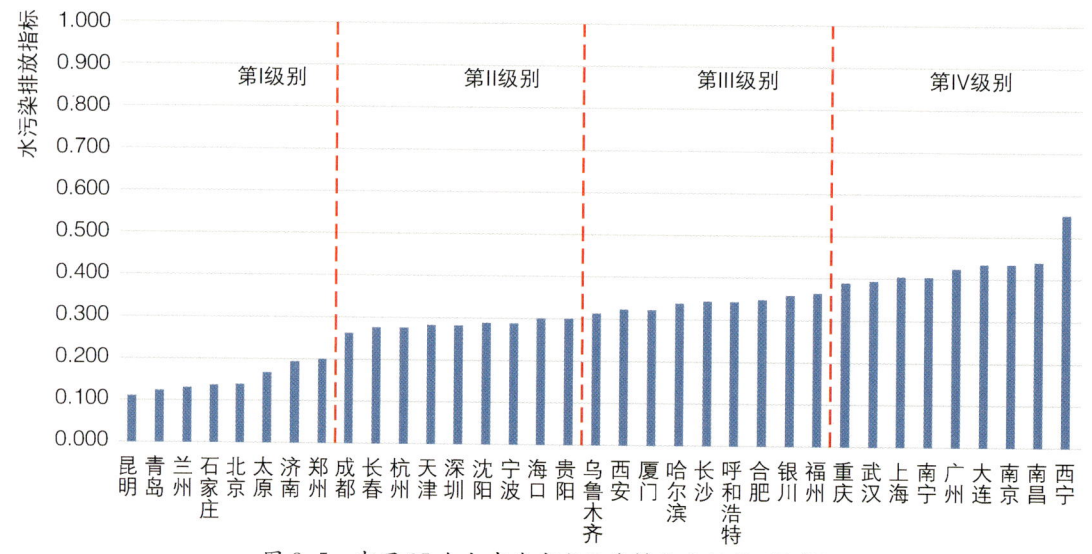

图 3-5 中国 35 个大中城市水污染排放分级(2017 年)

(2) 空气污染排放指标分级

从图3-6)可以看出,空气污染排放在第Ⅰ、第Ⅱ级别之间呈缓慢上升分布,在第Ⅲ级别处出现明显差异,特别是乌鲁木齐、西宁、呼和浩特和银川4个城市。上述4个城市的空气污染排放指标平均值为0.317,平均人均二氧化硫排放量达23.39千克,平均人均氮氧化物排放量高达34.95千克,均远高于35个大中城市上述三项指标平均值0.104、3.66千克、7.89千克。

从空气污染排放指标值的差异程度来看,第Ⅰ级别13个城市的指标值均在0.06以下,平均值0.046,组内差距较小;第Ⅱ级别14个城市的指标值在0.065~0.112之间,平均值0.084,组内差距亦较小;第Ⅲ级别8个城市的指标值在0.124~0.370之间,平均值0.233,组内差异明显。

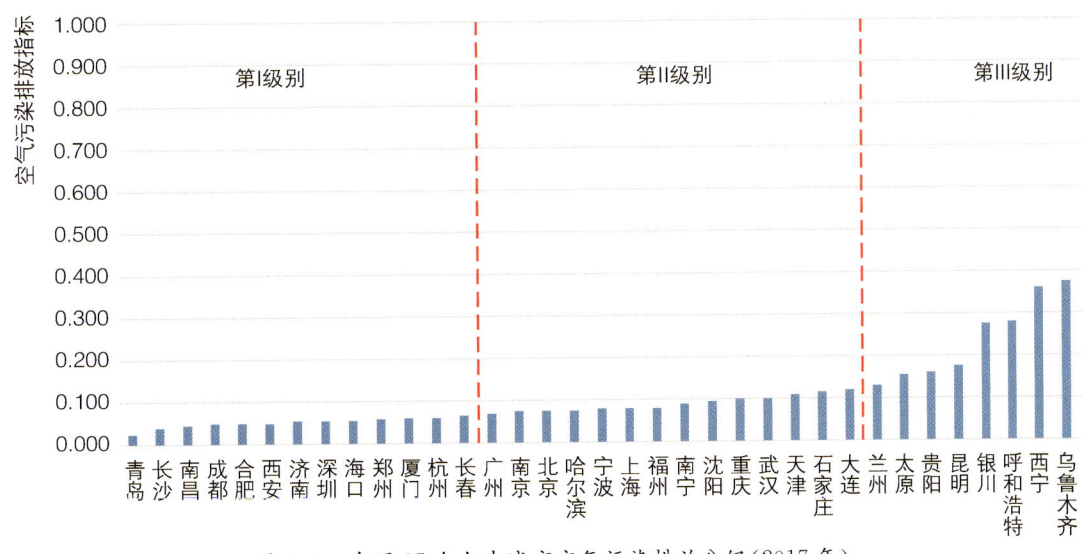

图3-6 中国35个大中城市空气污染排放分级(2017年)

(3) 固体废物排放指标分级

从图3-7可以看出,固体废物排放指标值最高的前5个城市分别是太原、昆明、乌鲁木齐、银川和呼和浩特,均为中西部地区城市。上述5个城市的固体废物排放指标平均值为0.626,平均人均工业固体废弃物产生量高达4.25 t,平均人均生活垃圾清运量0.32 t,均远高于35个大中城市上述三项指标平均值0.374 t、1.28 t、0.28 t。

从固体废物排放指标值的差异程度来看,第Ⅰ级别7个城市的指标值均低于0.25,平均值0.200,组内差距较小;第Ⅱ级别13个城市的指标值在0.250~0.380之间,平均值0.298,组内差距随排名上升而逐渐扩大;第Ⅲ级别8个城市的指标值在0.413~0.497之间,平均值0.457,组内差距较小;第Ⅳ级别7个城市的指标值均在0.5以上,平均值高达0.592,组内差异明显,排名末位的城市与其他城市差距极大。

图 3-7　中国 35 个大中城市固体废物排放分级（2017 年）

3.1.4　城市生态投入指数区域分析

1. 基于八大综合经济区的视角

"十一五"期间，国务院发展研究中心发布的《地区协调发展的战略和政策》报告中提出将内地划分为东部、中部、西部、东北四大板块和八大综合经济区。为便于将城市纳入所在经济区进行比较分析，本书参照八大综合经济区的划分，得到中国 35 个大中城市区域分布，见表 3-5。

表 3-5　　　　中国 35 个大中城市在八大综合经济区的分布情况

综合经济区	城　　市
东北	沈阳、大连、长春、哈尔滨
北部沿海	北京、天津、青岛、济南、石家庄
东部沿海	上海、南京、杭州、宁波
南部沿海	广州、深圳、厦门、福州、海口
黄河中游	太原、郑州、呼和浩特、西安
长江中游	武汉、长沙、合肥、南昌
大西南	成都、昆明、贵阳、南宁、重庆
大西北	兰州、西宁、银川、乌鲁木齐

将 35 个大中城市生态投入指数按 5 个排名为一个梯段，统计各梯段中位于八大综

合经济区的城市分布情况,得到基于经济区视角的城市生态投入指数排名分布(2017年),见图3-8。

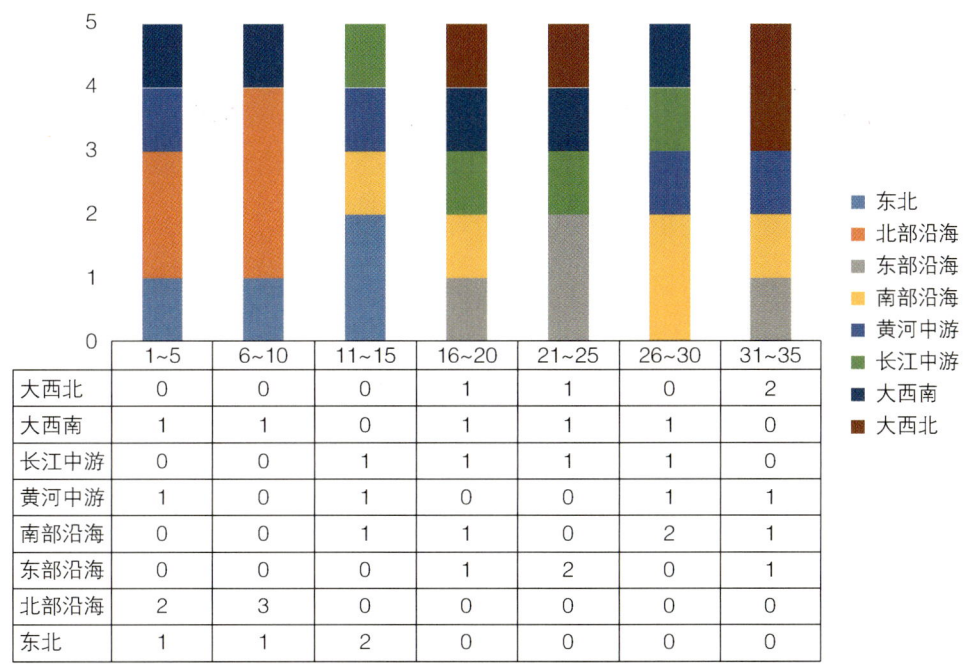

图3-8 基于经济区视角的城市生态投入指数排名分布(2017年)

从图3-8可以看出,生态投入总体情况呈现显著的区域差异性。东北地区、北部沿海地区城市的生态投入排名集中在1~15位,生态投入水平较低,而东部沿海地区、南部沿海地区和大西北地区城市的生态投入高,排名较为靠后。东部沿海地区、南部沿海地区城市生态投入指数高与其高经济水平、发达工业造成的资源投入量大相关,大西北地区的生态投入指数高主要由经济基础薄弱、生产粗放、资源利用率低导致。

2. 基于综合经济区的城市个体分析

深入分析城市生态投入,进一步得到基于经济区视角的城市生态投入指数及分项指标值分布,见图3-9。主要表现出两个特征。

① 经济发达地区和欠发达地区城市生态投入水平都较高

从图3-9可以看出,经济发达的东部沿海地区和南部沿海地区的城市与经济欠发达的大西北地区城市的生态投入水平都较高,但东部沿海地区城市的资源消耗与污染排放水平呈现出高度一致性,而西北地区城市的两者水平表现出背离。例如,兰州的污染排放水平明显低于资源消耗水平,而西宁的污染排放水平高于资源消耗水平。

② 大部分地区城市的资源消耗水平与污染排放水平相一致

八大综合经济区中,大部分城市资源消耗水平与污染排放水平都基本一致,即高资

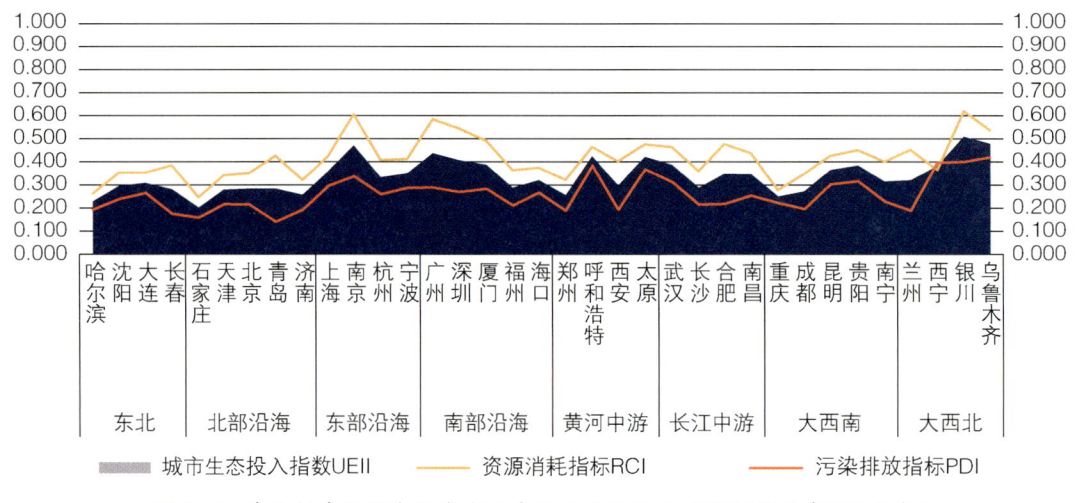

图3-9 基于经济区视角的城市生态投入指数及分项指标值分布(2017年)

源消耗对应高污染排放,但个别地区的城市,如北部沿海青岛市的城市资源消耗指标值偏高,而污染排放指标值较低,环境污染较少;大西北地区的西宁市,资源消耗处于中等水平,但污染排放水平偏高,加强污染治理是解决生态投入问题的重要举措,应当加强污染排放管制、提升污染治理技术水平并促进污染治理知识的普及。

3.2 城市生态文明发展指数排名及分析

3.2.1 城市生态文明发展指数排名

对城市可持续发展的产出维度——生态文明发展指数进行具体研究,从2018年中国城市统计年鉴及相关统计年鉴、统计公报中收集我国35个大中城市的环境产出、社会产出、经济产出数据,进行无量纲化处理,采用3个指标值的几何平均得到中国35个大中城市的生态文明发展指标排名及分项指数排名,见表3-6。

从生态文明发展指数排名来看,前5位的城市为南京、深圳、广州、南宁、乌鲁木齐。南京环境产出指标和经济产出指标的排名分别为第2、第3位,然而社会产出指标较低,仅居第21位,指标均衡性差;深圳3个指标均位于前5,均衡发展使之位列第2;广州的指标排名分布与南京类似,表现为环境、经济产出指标排名靠前,社会产出指标排名靠后,南宁的环境产出指标在35个城市中位列榜首,但其社会产出和经济产出排名靠后,分别位列第27和第34;排名第5的乌鲁木齐则表现为经济产出单项指标排名较低,环境、社会产出指标表现良好。

表 3-6　　　中国 35 个大中城市生态文明发展指数及分项指标排名(2017 年)

城市	生态文明发展指数（ECDI）		环境产出指标（ENOI）		社会产出指标（SOI）		经济产出指标（ECOI）	
	得分	排名	得分	排名	得分	排名	得分	排名
南京	0.731	1	0.668	2	0.620	21	0.906	3
深圳	0.730	2	0.501	5	0.743	4	0.945	1
广州	0.724	3	0.624	3	0.631	16	0.916	2
南宁	0.693	4	0.710	1	0.598	27	0.772	34
乌鲁木齐	0.674	5	0.522	4	0.684	8	0.816	24
杭州	0.654	6	0.341	12	0.721	5	0.899	5
青岛	0.644	7	0.437	7	0.613	24	0.881	10
长沙	0.625	8	0.208	23	0.767	1	0.900	4
上海	0.621	9	0.352	11	0.620	20	0.890	7
银川	0.618	10	0.408	8	0.624	19	0.823	22
贵阳	0.616	11	0.370	9	0.668	9	0.810	26
合肥	0.615	12	0.354	10	0.650	12	0.840	18
呼和浩特	0.613	13	0.453	6	0.551	35	0.835	19
郑州	0.611	14	0.236	18	0.754	2	0.843	16
太原	0.594	15	0.224	21	0.744	3	0.816	25
厦门	0.588	16	0.333	13	0.562	33	0.868	12
成都	0.581	17	0.203	24	0.706	6	0.833	21
长春	0.579	18	0.268	14	0.637	14	0.833	20
南昌	0.579	19	0.259	15	0.636	15	0.841	17
大连	0.576	20	0.240	16	0.626	17	0.862	13
武汉	0.573	21	0.140	34	0.694	7	0.886	9
北京	0.573	22	0.240	17	0.587	29	0.892	6
宁波	0.571	23	0.167	32	0.658	10	0.886	8
天津	0.570	24	0.176	29	0.653	11	0.880	11
西安	0.561	25	0.220	22	0.647	13	0.817	23

续表

城市	生态文明发展指数（ECDI）		环境产出指标（ENOI）		社会产出指标（SOI）		经济产出指标（ECOI）	
	得分	排名	得分	排名	得分	排名	得分	排名
福州	0.559	26	0.225	20	0.608	25	0.843	15
昆明	0.548	27	0.231	19	0.608	26	0.804	27
沈阳	0.538	28	0.194	25	0.619	22	0.802	28
济南	0.535	29	0.178	28	0.576	31	0.852	14
兰州	0.525	30	0.187	26	0.594	28	0.795	29
海口	0.521	31	0.168	31	0.614	23	0.781	32
哈尔滨	0.514	32	0.124	35	0.625	18	0.792	30
西宁	0.507	33	0.186	27	0.572	32	0.763	35
重庆	0.506	34	0.170	30	0.562	34	0.785	31
石家庄	0.503	35	0.148	33	0.585	30	0.776	33

可以发现，从单个城市不同指标对比的角度来看，35个大中城市都存在着不均衡的状况。影响城市生态文明发展指数的环境产出、经济产出和社会产出三者往往发展不均衡，这种不均衡会导致社会经济发展与生态环境保护相脱节。

3.2.2 城市生态文明发展水平分级

为了清晰地看出城市间生态文明发展水平差异，本书对中国35个大中城市的生态文明发展指数按照"组内差异小，组间差异大"的得分差值程度进行分级，一共分为4个级别，级别间的差异较大，其中，第Ⅰ级别末位与第Ⅱ级别首位相差0.019、第Ⅱ级别末位与第Ⅲ级别首位相差0.017，第Ⅲ级别末位与第Ⅳ级别首位相差0.010。

第Ⅰ级别共7个城市，生态文明发展指数在0.644~0.731之间，组内均值为0.693。第Ⅰ级别的城市有两种特征，一是排名靠前的南京、深圳、广州三所城市差距极小，而随着排名的递增，后续城市之间的差距逐渐拉大。第Ⅱ级别共7个城市，生态文明发展指数在0.611~0.625之间，组内均值为0.818。该级别城市内部差异较小，且指标值均在0.6以上。

第Ⅲ级别共有15个城市，生态文明发展指数在0.535~0.594之间，组内均值为0.617，组内差距较小，但仍随着排名增加呈现一定的梯度。第Ⅳ级别共有6个城市，生态文明发展指数在0.503～0.525之间，组内差距小，且均高于0.500。从城市的分项指标来看，6个城市的各指标表现出一定的相关性，即环境产出、社会产出和经济产出指标均落后。

从中国35个大中城市生态文明发展水平分级（2017年）（图3-10）可以看出，35个大中城市的生态文明发展水平总体较高，第Ⅰ级别得分排名前3的城市指标值接近，并与该级别其他城市差距明显；第Ⅱ级别整体较第Ⅰ级别城市低，但级别内城市差距较小；第Ⅲ级别是整体偏低，差距不明显。

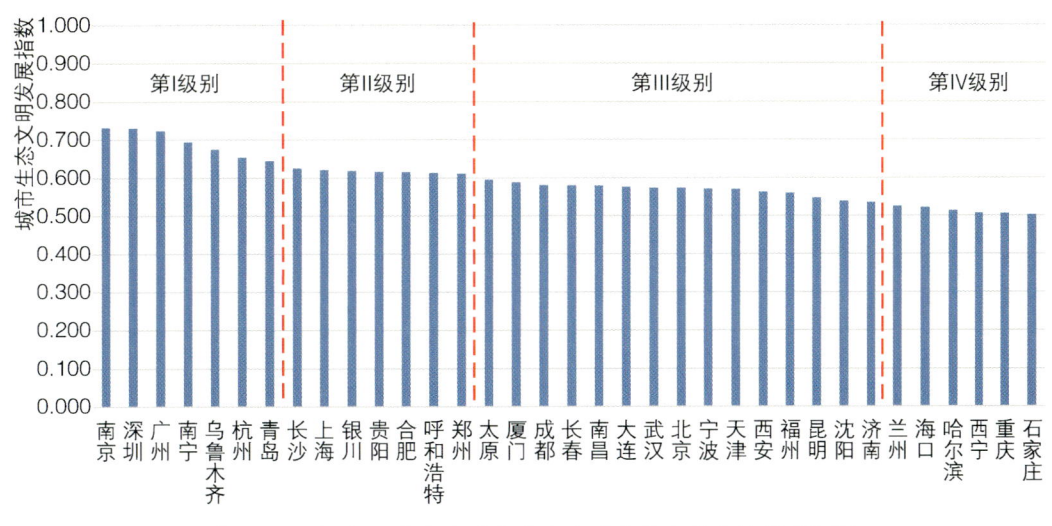

图3-10 中国35个大中城市生态文明发展水平分级（2017年）

3.2.3 城市生态文明发展分项指标分析

1. 环境产出指标分级

从中国35个大中城市环境产出指标分级（2017年）（图3-11）中可以看出，中国35个大中城市的环境产出可划分为4个级别，且城市间的差异较大。

第Ⅰ级别的城市环境产出指标在0.437～0.710之间，组内城市指标差距明显，指标值按排名呈明显的梯度下降；第Ⅱ级别城市环境产出指标值在0.333～0.408之间，组内差距较小，但银川市与其他城市的差距较为明显，仅该市环境产出指标值大于0.4；第Ⅲ级别城市环境产出指标值在0.220～0.268之间，组内差距较小，但与第Ⅱ级别城市差距明显，其中，第Ⅱ级别末位的厦门市与第Ⅲ级别首位的长春市的指标值相差高达0.065；第Ⅳ级别城市环境产出值普遍较低，且城市间差距较小。

2. 社会产出指标分级

社会产出指标由综合教育指标、医疗指标、城乡收入差距指标三项分指标构成。

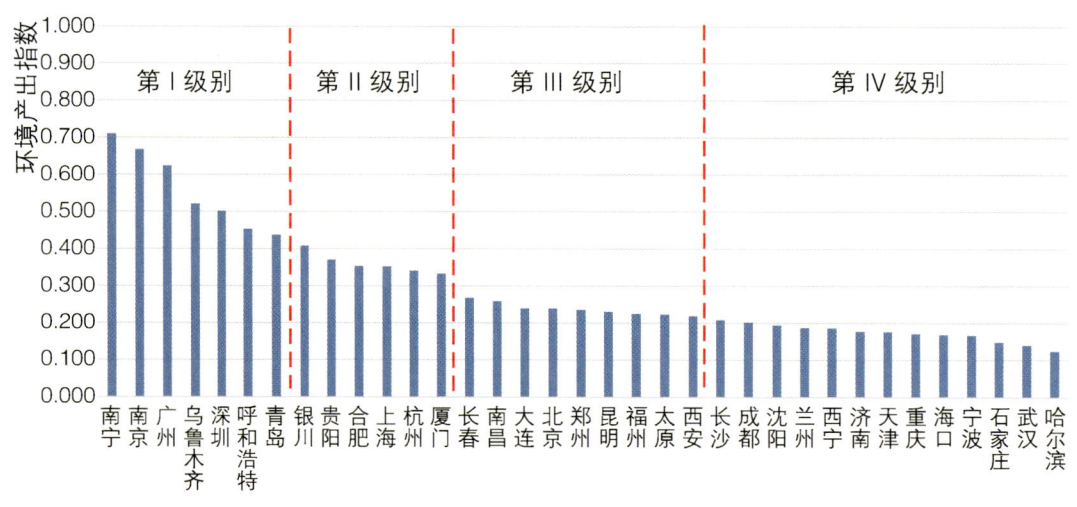

图 3-11 中国 35 个大中城市环境产出指标分级(2017 年)

综合来看,35 个大中城市社会产出指标可分为 3 个级别,从中国 35 个大中城市社会产出指标分布排名(2017 年)(图 3-12)可以看出,第Ⅰ级别包括 12 个城市,社会产出指标在 0.650～0.767,组内差距较大,其中,长沙、郑州、太原、深圳的指标值均高于 0.74,远大于其他城市指标值;第Ⅱ级别的城市指标值在 0.608～0.647 之间,且组内差异较小;第Ⅲ级别的城市社会产出指标值均低于 0.6,组内城市差异亦较小。

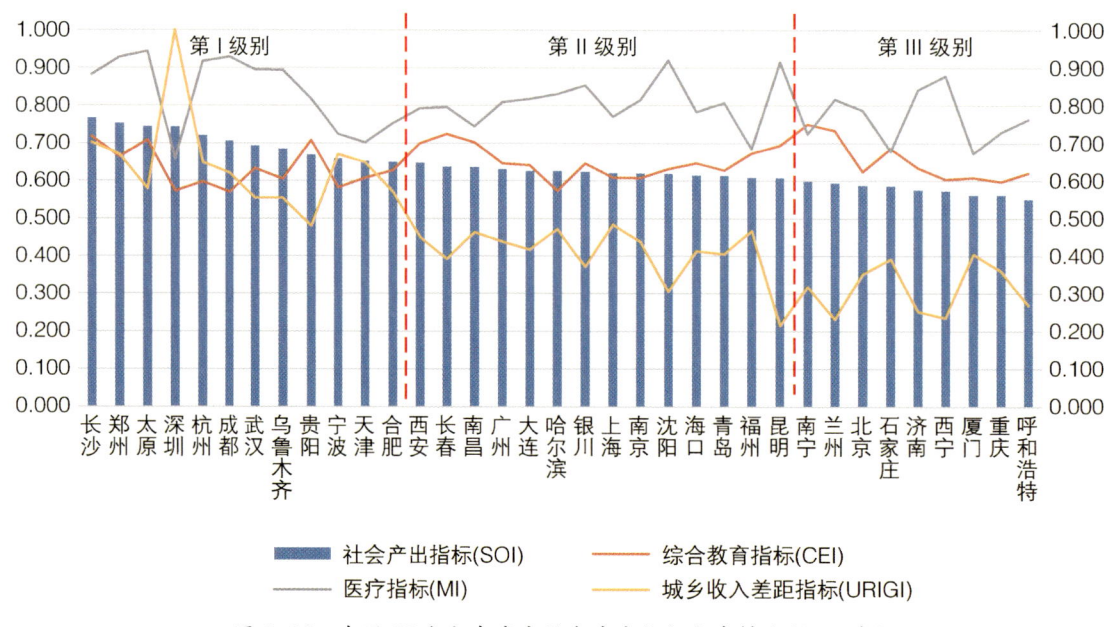

图 3-12 中国 35 个大中城市社会产出指标分布排名(2017 年)

从各分项指标来看,大多数城市发展较为均衡,即综合指标排名高的城市其分项指标排名也靠前,但也有个别城市发展不均衡,其社会产出指标值由某单一指标贡献,而其他指标靠后。第Ⅰ级别中，深圳的城乡收入差距指标远高于其他城市，而医疗指标和综合教育指标的排名都较靠后，故其社会产出水平虽高，但主要由较小的城乡收入差距带动，而在医疗、教育方面保障不足，对于此类城市，应格外重视医疗、教育等方面的投入；第Ⅱ、Ⅲ级别的城市中，沈阳、昆明、西宁在综合教育、医疗方面的指标水平都较高，而城乡收入差距指标值较小，对于该类城市，应加大投入以缩小城乡收入差距，同时稳步提升现有的教育和医疗水平。

3. 经济产出指标分级

总体来看，35个大中城市经济产出指标可分为3个级别，从中国35个大中城市经济产出指标状况（2017年）（图3-13）可以看出，第Ⅰ级别包括深圳、广州、南京、长沙、杭州等13个城市，其经济产出指标值在0.862~0.945之间，人均GDP均超过10万元，特别是深圳，以183 127元人均GDP水平稳居第1；第Ⅱ级别城市的人均GDP在8万元到10万元之间；第Ⅲ级别城市的人均GDP在6万元到8万元之间；第Ⅳ级别城市中位列第1的太原，远不及深圳人均GDP的一半。如图3-13所示，35个大中城市的经济发展水平相差极大，在人均GDP上表现得尤为明显。

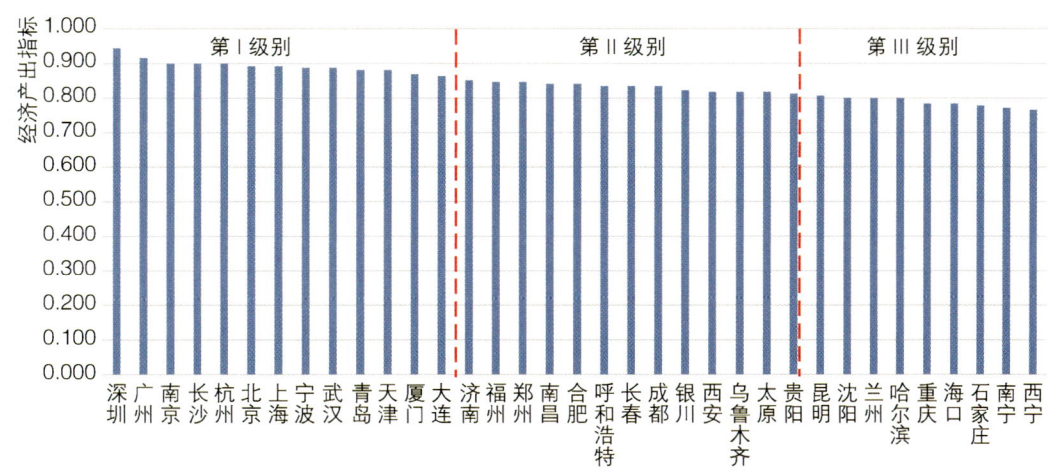

图3-13　中国35个大中城市经济产出指标状况（2017年）

从图3-13中可以看出，排名前列的城市大多为沿海发达城市和重要的中心城市，产业结构之间的差异是造成城市人均产出水平差异的重要原因[①]。沿海发达城市和重要中心城市通常经济基础好、人才资源丰富，普遍受益于区位优势和改革开放第一波经济热潮，加之，南部沿海地区城市同时承接中国台湾、香港等地的产业转移迅速发展壮大，经过几十年的发展，调整产业结构，大力发展经济附加值高的第三产业，形成了人均

---

① 贾娜，周一星.中国城市人均GDP差异影响因素的分析[J].区域发展，2006(8)：109-111.

GDP较高的局面。

3.2.4 城市生态文明发展指数区域分析

1. 基于八大综合经济区的视角

按表3-5的八大综合经济区划分,将中国35个大中城市生态文明发展指数按5个排名为一个梯段,统计各梯段中位于八大综合经济区的城市分布情况,得到基于经济区视角的城市生态文明发展指数排名分布(2017年),见图3-14所示。

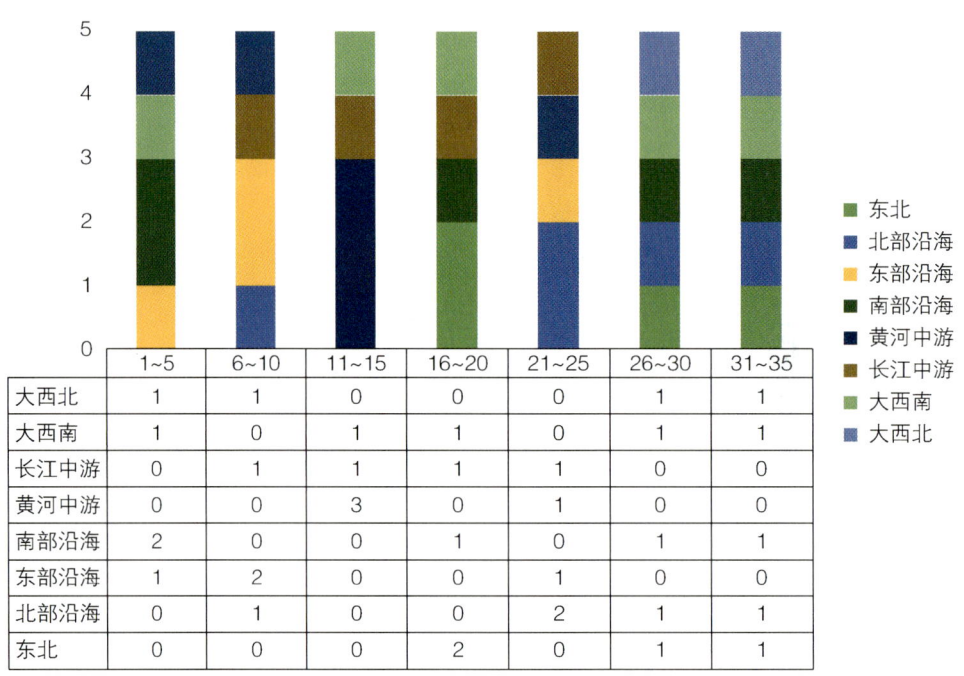

图3-14 基于经济区视角的城市生态文明发展指数排名分布(2017年)

从图3-14可看出,东部沿海地区城市生态文明发展指数排名集中靠前,区域一致性高,这与长三角一体化背景下各城市协同发展的战略布局息息相关;而大西北地区城市排名则呈现两极分化,部分城市极为靠前,而部分城市极为靠后;同样南部沿海地区城市也存在较大的区域内差距,广州、深圳的生态文明发展水平稳居全国前列,海口的排名则处于倒数水平;大西南地区内部也存在较大差距,特别是重庆,其排名远落后于西南地区其他城市;东北地区城市的生态文明发展指数整体排名中下,与北部沿海地区城市类似;长江中游地区城市的排名均匀分布在10～25位之间,黄河中游地区城市的排名集中处在11～15位的中等水平,可见该地区城市在生态文明发展水平上具有一致性。

综上所述,我国八大综合经济区生态文明发展水平在地区间和区域内部均呈现不均衡现象,东部沿海地区和部分南部沿海地区城市排名遥遥领先。长江中游和黄河中游地区城市在 35 个城市中处于中等水平;东北地区和北部沿海地区城市整体排名靠后;大西北地区、大西南地区和南部沿海地区发展不均衡,区域内城市间存在较大差距。

2. 基于八大综合经济区的城市个体分析

对八大综合经济区的城市生态文明发展指数及其包含的三个分项指标——环境产出指标、社会产出指标和经济产出指标进行分析,得到八大综合经济区城市生态文明发展水平(2017 年),见图 3-15。

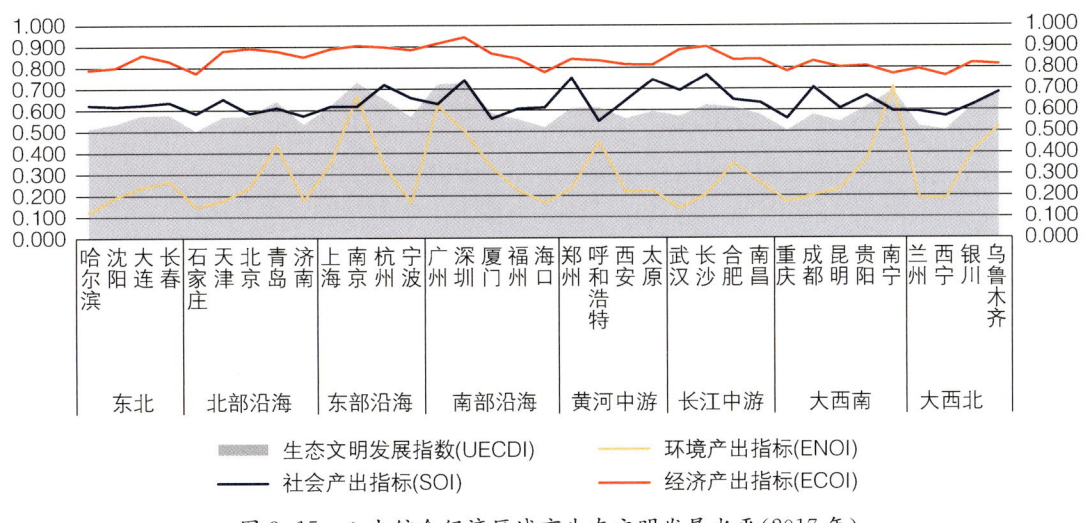

图 3-15 八大综合经济区城市生态文明发展水平(2017 年)

(1) 沿海地区城市生态文明发展水平高

从图 3-15 可看到,北部沿海地区、东部沿海地区和南部沿海地区城市的生态文明发展指数都较高,三个分项指标值亦较高。南京、深圳、广州等城市的生态文明发展水平明显高于其他城市,且在环境产出、社会产出和经济产出方面发展均衡。

(2) 八大综合经济区城市间均存在社会经济产出与环境产出相脱节的情况

八大综合经济区的大部分城市生态文明发展水平都由社会产出和经济产出所贡献,可以看出,各个区域中都存在社会经济产出较高而环境产出较低的城市,如天津、长沙、武汉等的社会产出和经济产出指标排名均较靠前,特别是长沙,其在社会产出指标和经济产出指标分别位居第 1 和第 4,而环境产出指标排名仅 23,这种环境生态与发展脱节的现象普遍存在,区域特征不明显。

4 中国 35 个大中城市可持续发展两轴-四区分类与解读

4.1 城市可持续发展两轴-四区分类

将反映城市生态文明发展水平和城市生态投入水平的两个指数放在一个综合框架内,以生态文明发展指数为 X 轴,生态投入指数为 Y 轴,建立城市可持续发展评估坐标系,描绘出 35 个城市位置。分别以 35 个大中城市生态投入中位线(直线 $y=0.322$)和城市生态文明发展中位线($x=0.579$)为基准线,得到中国 35 个大中城市可持续发展两轴-四区(2017 年),见图 4-1。城市所处区域和可持续发展水平,是下一步比较和分析城市可持续发展现状并提出改进路径的依据。

从图 4-1 看出,生态文明发展中位线与生态投入中位线将整个区域划分出 4 个区域:Ⅱ区中是可持续发展城市,低投入获得高产出;Ⅰ区和Ⅲ区中是欠可持续发展城市,低投入获得低产出或高投入获得高产出;Ⅳ区中是不可持续发展城市,高投入获得低产出。进一步整理得到中国 35 个大中城市可持续发展四区分类(2017 年),见表 4-1。

表 4-1　　　中国 35 个大中城市可持续发展四区分类(2017 年)

区域	城市	投入与产出特征	可持续发展水平
Ⅱ	南宁、成都、青岛、长沙、郑州、长春	低投入高产出	可持续发展
Ⅰ	海口、兰州、西安、大连、沈阳、福州、天津、北京、重庆、济南、哈尔滨、石家庄	低投入低产出	欠可持续发展

4 中国35个大中城市可持续发展两轴-四区分类与解读

续　表

区域	城市	投入与产出特征	可持续发展水平
Ⅲ	银川、乌鲁木齐、南京、广州、深圳、太原、呼和浩特、厦门、贵阳、上海、杭州、合肥	高投入高产出	欠可持续发展
Ⅳ	西宁、昆明、武汉、宁波、南昌	高投入低产出	不可持续发展

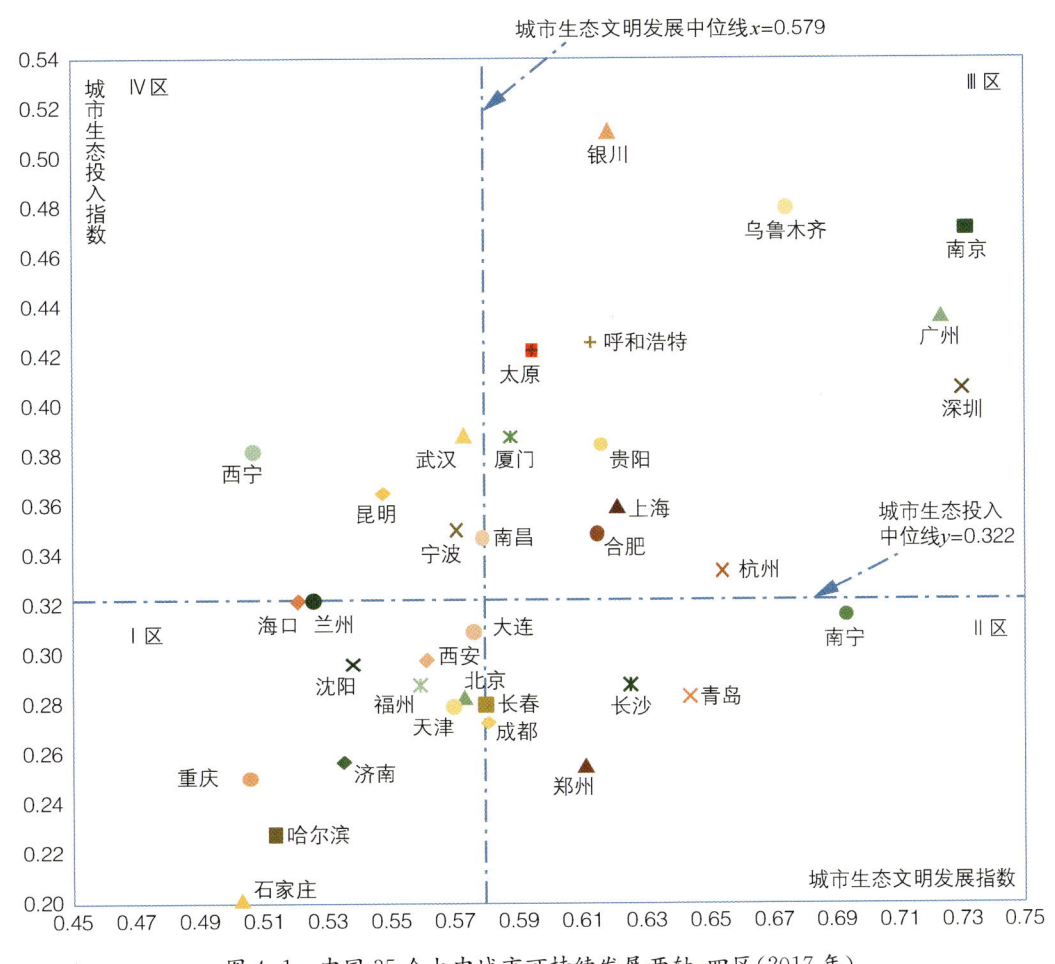

图 4-1　中国35个大中城市可持续发展两轴-四区（2017年）

4.2　城市可持续发展四区解读

4.2.1　Ⅰ区：低投入低产出型城市及解读

Ⅰ区城市属于低投入低产出型，生态投入水平和生态产出水平均较低，包括海口、兰州、西安、大连、沈阳、福州、天津、北京、重庆、济南、哈尔滨、石家庄等12个城市。这些城市大都位于西部地区和北部地区,其生态投入水平与产出水平基本相匹配。其中,重庆、哈尔滨、石家庄的生态投入水平和产出水平都极低,而北京、西安、大连在较低的生态投入水平下形成了相对较高的生态产出水平。

4.2.2 Ⅱ区:低投入高产出型城市及解读

Ⅱ区城市属于低投入高产出型,生态投入保持在较低水平,生态文明发展已达到较高水平,基本实现城市的可持续发展,包括南宁、成都、青岛、长沙、郑州、长春。这些城市在力争生态文明发展指数增长的同时,注重对水、土地和能源等资源的投入约束和对污染物排放的控制,实现社会发展与资源发展的协调。不难发现,该区城市发展较快。其中,南宁、青岛在生态环境产出方面遥遥领先,长沙、郑州、成都在社会发展方面具有示范作用。

4.2.3 Ⅲ区:高投入高产出型城市及解读

Ⅲ区城市属于高投入高产出型,生态文明发展已达到较高水平,但生态投入超过适度范围,包括银川、乌鲁木齐、南京、广州、深圳、太原、呼和浩特、厦门、贵阳、上海、杭州、合肥等12个城市。这些城市一部分处于东部沿海和南部沿海综合经济区,经济发展较快的同时,能源消耗水平高,水资源和土地资源等投入量大;另一部分属于中西部地区工业城市,污染物排放量大,能源利用效率低。因此,Ⅲ区城市应重视"节能减排",积极建设资源节约型和环境友好型绿色经济城市,在保持高产出的同时,减少生态投入。

4.2.4 Ⅳ区:高投入低产出型城市及解读

Ⅳ区城市属于高投入低产出型,是城市可持续发展的最不理想状态,包括西宁、昆明、武汉、宁波、南昌等5个城市。这些城市在生态投入上同其他区域城市存在较大差距,生态文明发展指数远低于高生态文明发展中位线。该区内城市经济发展水平差距悬殊,武汉、宁波经济相对发达,人均GDP较高,但在较高的生态投入之下,生态产出水平却较低,且集中表现为环境产出水平低,因此发展过程中应注重环境保护与发展相协调;西宁、昆明等城市处于西部欠发达地区,地理位置、环境禀赋、经济基础、思想观念等不利原因造成高投入低产出。例如,西宁位于大西北内陆,经济发展长期滞后于全国平均水平,受资源禀赋限制,土地、水资源相对缺乏,同时资源利用较为粗放,因此应更加重视经济发展,在提升发展水平的同时实现资源集约利用。

4.3　城市可持续发展四区演化轨迹分析

4.3.1　四区演化总体状况与类型划分

在城市可持续发展分类评估基础上,利用2011—2017年数据,以生态文明发展指数为 X 轴,生态投入指数为 Y 轴,将城市各年度生态文明发展指数和生态投入指数描绘在两轴-四区图上,得到7个坐标点,并连成该城市的发展轨迹图。中国35个大中城市可持续发展轨迹(2011—2017年),见图4-2。

从图4-2可以看出,7年间城市可持续发展轨迹均出现波折,根据投入产出变化关系,进一步将城市的区域演化轨迹分为稳投入-增产出、减投入-稳产出、稳投入-稳产出、增投入-增产出、增投入-稳产出、减投入-减产出等6类,得到中国35个大中城市可持续发展演化轨迹分类(2011—2017年),见表4-2。

表4-2　中国35个大中城市可持续发展演化轨迹分类(2011—2017年)

类型	演化轨迹	城市	数量(占比)
稳投入-增产出	Ⅰ区→Ⅱ区	青岛、郑州、长沙、成都、长春	11(31.4%)
	Ⅳ区→Ⅲ区	银川、厦门、太原、合肥、呼和浩特、上海	
减投入-稳产出	Ⅳ区→Ⅰ区	天津、重庆、兰州	4(11.4%)
	Ⅲ区→Ⅱ区	南宁	
稳投入-稳产出	Ⅰ区循环	海口、西安、石家庄、哈尔滨、济南、北京、福州、沈阳	16(45.7%)
	Ⅲ区循环	乌鲁木齐、南京、深圳、广州	
	Ⅳ区循环	武汉、西宁、昆明、宁波	
增投入-增产出	Ⅰ区→Ⅲ区	贵阳、杭州	2(5.7%)
增投入-稳产出	Ⅰ区→Ⅳ区	南昌	1(2.9%)
减投入-减产出	Ⅲ区→Ⅰ区	大连	1(2.9%)

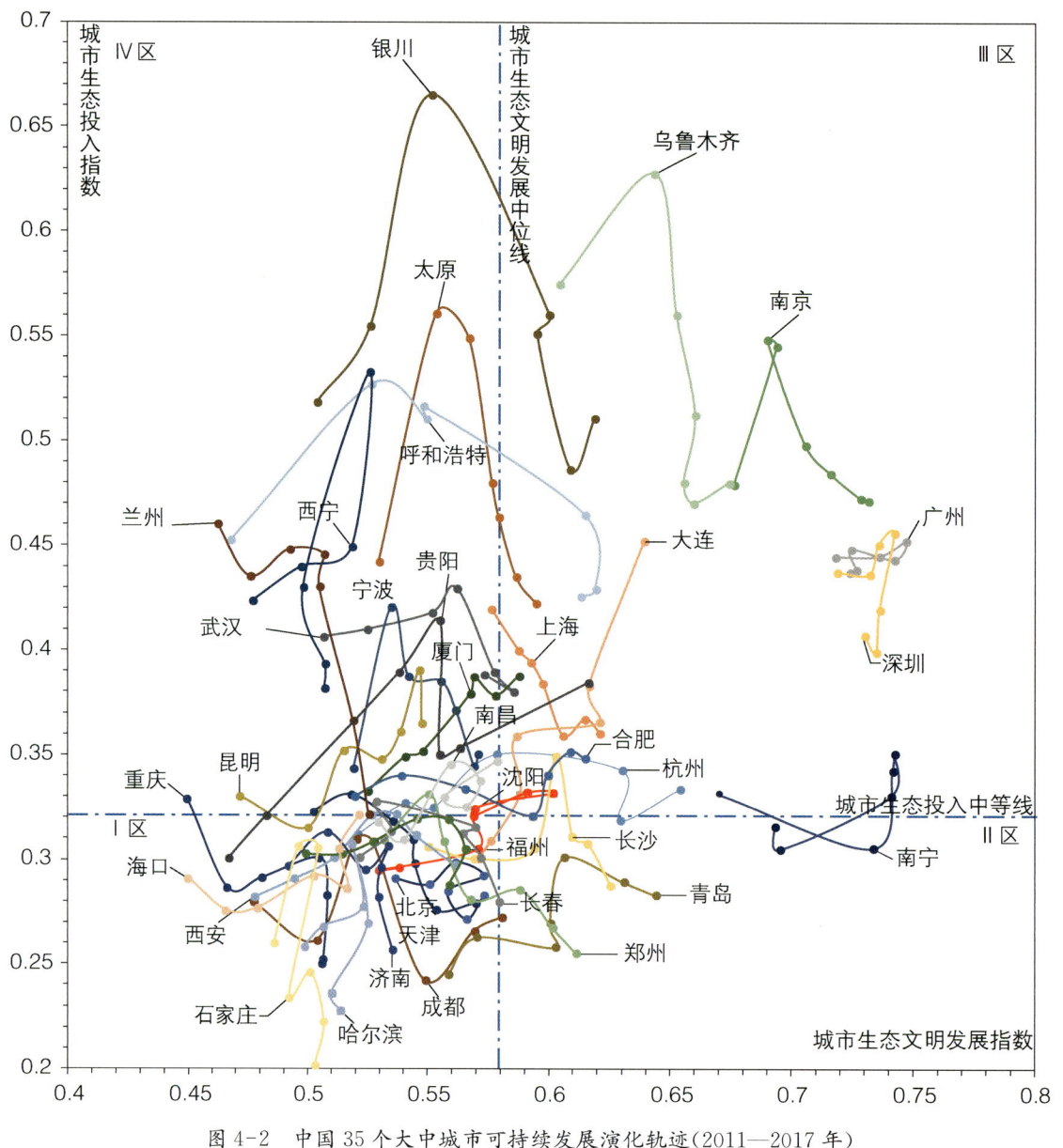

图 4-2 中国 35 个大中城市可持续发展演化轨迹(2011—2017 年)

4.3.2 "稳投入-增产出"型演化轨迹

稳投入-增产出型演化轨迹城市,包括青岛、上海、银川等 11 个城市,占比 31.4%。该类发展演化轨迹特点为,在生态投入无大幅变动的前提下,实现城市向更高水平的生态文明发展模式跨越。

稳投入-增产出型城市演化轨迹包括"Ⅰ区→Ⅱ区"和"Ⅳ区→Ⅲ区"两种,见图 4-3。

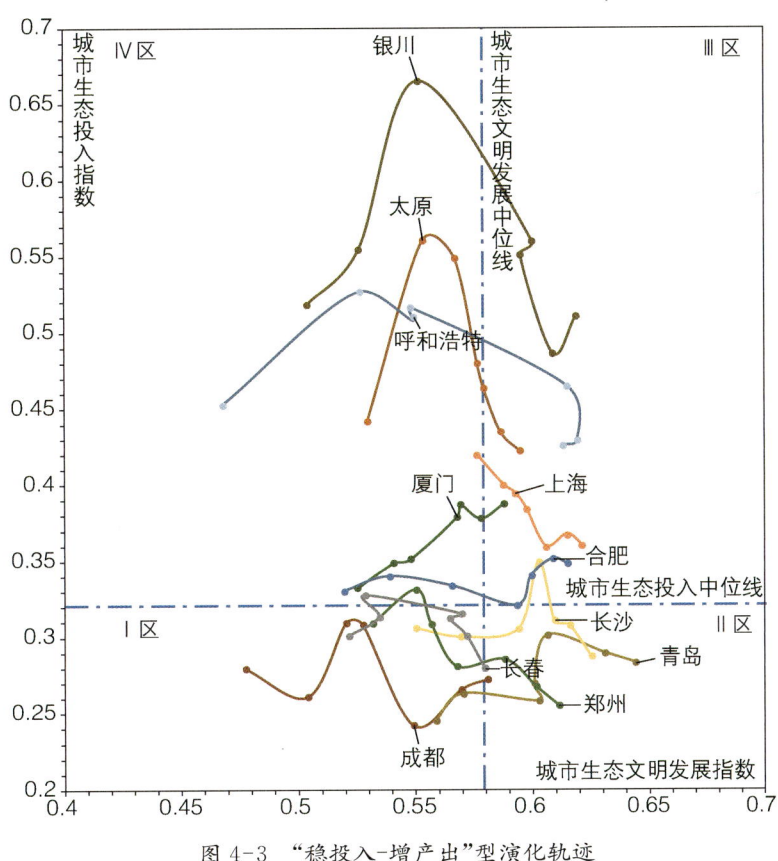

图 4-3 "稳投入-增产出"型演化轨迹

Ⅰ区→Ⅱ区 青岛、郑州等 5 个城市实现由Ⅰ区向Ⅱ区转变,从低投入低产出的低水平发展阶段,通过生态效率精明增长的"扩容"发展,进入低投入高产出的较高水平发展阶段,基本达到城市可持续发展的相对理想状态,城市发展模式改进效果显著。

Ⅳ区→Ⅲ区 上海、厦门等 6 个城市由Ⅳ区向Ⅲ区转变,从高投入低产出的发展陷阱,跳脱至高投入高产出,基本完成"提质+扩容"可持续发展模式中的"扩容"部分,生态文明发展已达到较高水平,但生态投入越过中位线,仍属于不可持续的发展方式。

4.3.3 "减投入-稳产出"型演化轨迹

减投入-稳产出型发展演化轨迹城市,包括天津、重庆、兰州和南宁。该类发展演化轨迹的特点为,生态投入大幅下降,由高投入转向低投入,但城市生态文明发展水平提升幅度较小。

减投入-稳产出型城市演化轨迹,包括"Ⅳ区→Ⅰ区"和"Ⅲ区→Ⅱ区"两种,见图 4-4。

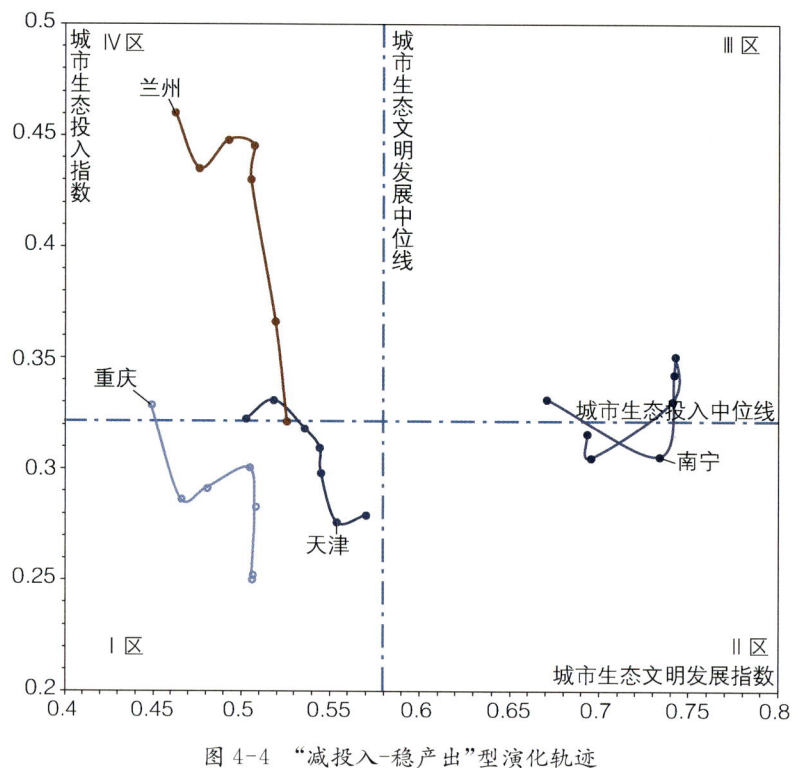

图 4-4 "减投入-稳产出"型演化轨迹

Ⅳ区→Ⅰ区　重庆、兰州、天津等城市实现由Ⅳ区向Ⅰ区转变,"提质"效果优于"扩容"效果,生态投入指数呈明显下降趋势,生态文明发展水平有所提升,但仍未达到生态文明发展中位线。

Ⅲ区→Ⅱ区　南宁是35个大中城市中,实现由Ⅲ区向Ⅱ区转型的唯一城市,已经基本达到城市可持续发展的相对理想状态,但城市整体发展波动较大,在Ⅱ区和Ⅲ区中反复交替。

4.3.4 "稳投入-稳产出"型演化轨迹

稳投入-稳产出型发展演化轨迹城市,包括西宁、乌鲁木齐、北京等16个城市,占比45.7%。这表明近半数城市在2011—2017年期间,可持续发展进程没有显著突破,发展模式基本没有变化,改进效果不明显。

"稳投入-稳产出"型城市演化轨迹,包括"Ⅰ区循环"、"Ⅲ区循环"和"Ⅳ区循环"三种,见图4-5。

Ⅰ区循环　北京、石家庄等8个城市长期处于低投入低产出发展状态,生态文明发展水平有所提高,特别是海口、西安和福州,提升幅度较大,但该路径下的城市整体提升

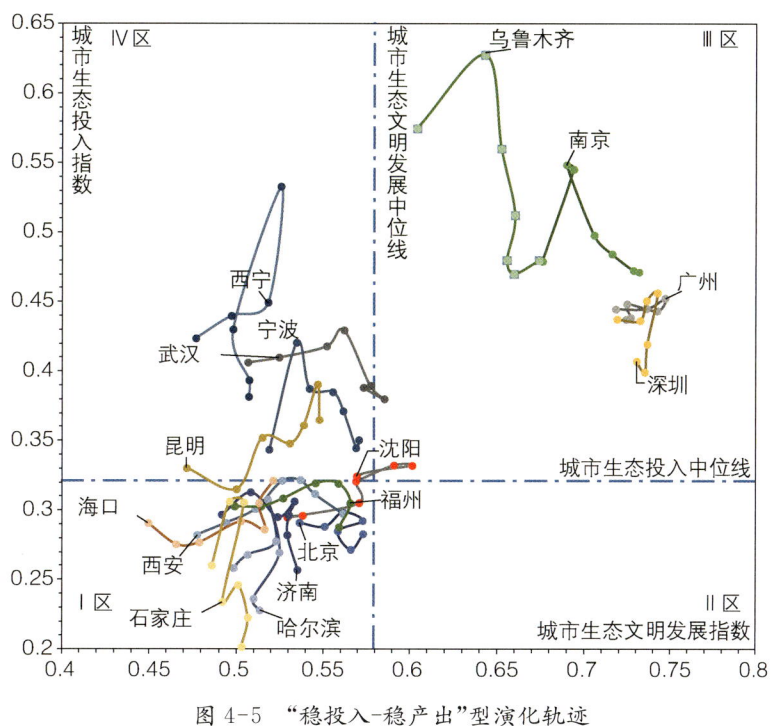

图 4-5 "稳投入-稳产出"型演化轨迹

效果不够显著,尚未抵达生态文明发展中位线。同时,部分城市在提升生态投入效率方面也取得了一定效果,其中石家庄、哈尔滨和济南表现较突出。

Ⅲ区循环 乌鲁木齐、南京、广州和深圳长期处于高投入高产出的发展状态。除广州外,其余3城在降低生态投入方面均取得一定的改进效果,但仍高于城市生态投入中位线。

Ⅳ区循环 武汉、西宁、昆明、宁波4城,长期处于高投入低产出的发展陷阱,生态文明发展水平均有所提高,特别是武汉和昆明,但仍未达到生态文明发展中位线。另外,除昆明外,其余城市的生态投入效率提升较明显,生态投入呈下降状态。

4.3.5 其他类型演化轨迹

除上述几种演化轨迹,还有三种少见的演化形式,分别为"增投入-增产出"型(Ⅰ区→Ⅲ区)、"增投入-稳产出"型(Ⅰ区→Ⅳ区)和"减投入-减产出"型(Ⅲ区→Ⅰ区)。"增投入-增产出"型等其他演化轨迹,见图4-6。

增投入-增产出型发展演化轨迹城市,包括贵阳和杭州,由Ⅰ区向Ⅲ区转型,发展方式较为粗放,以环境污染和资源消耗为代价促进经济发展,是不可持续的。

与之完全相反的是减投入-减产出型发展演化轨迹。以大连为例,城市可持续发展

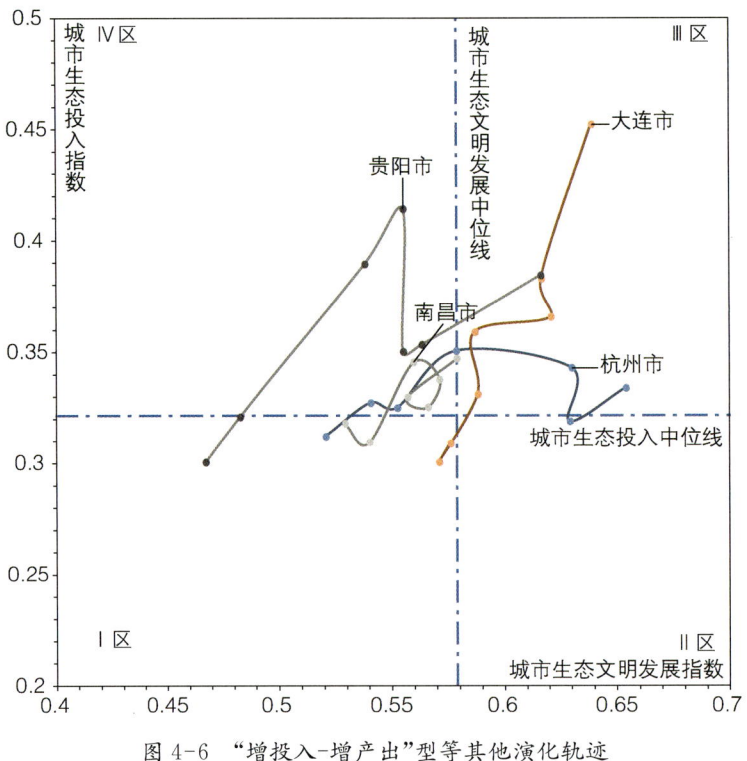

图4-6 "增投入-增产出"型等其他演化轨迹

呈倒退趋势,由Ⅲ区向Ⅰ区转变,是极不健康的发展方向。

南昌属增投入-稳产出型城市,从Ⅰ区转向Ⅳ区,生态文明发展水平提高,生态投入产出效率偏低,生态投入突破城市生态阈值,落入发展陷阱。

中国 35 个大中城市可持续发展效率排名与解读

"城市资源消耗指标"和"城市污染排放指标"作为输入指标,将"环境产出指标""社会产出指标"和"经济产出指标"作为输出指标,运用数据包络分析(DEA)理论下的 SBM (slacks-based measure)经典模型,计算相对于生态投入的生态文明产出的福利绩效,评估城市可持续发展效率。

5.1 城市可持续发展效率排名

经测算得到中国 35 个大中城市生态投入指数、生态文明发展指数、可持续发展效率及排名(2017 年),见表 5-1。

表 5-1 中国 35 个大中城市生态投入指数、生态文明发展指数、可持续发展效率及排名(2017 年)

城市	生态投入指数	生态文明发展指数	可持续发展效率	效率排名
石家庄	0.202	0.503	1.000	1
郑州	0.255	0.611	1.000	1
青岛	0.283	0.644	1.000	1
南宁	0.316	0.693	1.000	1
哈尔滨	0.228	0.514	0.891	5
长沙	0.288	0.625	0.851	6
重庆	0.250	0.506	0.836	7

续 表

城市	生态投入指数	生态文明发展指数	可持续发展效率	效率排名
成都	0.273	0.581	0.826	8
北京	0.283	0.573	0.807	9
杭州	0.334	0.654	0.801	10
长春	0.280	0.579	0.799	11
济南	0.257	0.535	0.796	12
大连	0.309	0.576	0.767	13
天津	0.279	0.570	0.756	14
福州	0.288	0.559	0.746	15
上海	0.360	0.621	0.712	16
深圳	0.407	0.730	0.703	17
沈阳	0.296	0.538	0.699	18
西安	0.298	0.561	0.694	19
贵阳	0.384	0.616	0.668	20
广州	0.437	0.724	0.666	21
合肥	0.348	0.615	0.660	22
呼和浩特	0.426	0.613	0.644	23
南京	0.471	0.731	0.641	24
南昌	0.347	0.579	0.625	25
乌鲁木齐	0.480	0.674	0.622	26
西宁	0.382	0.507	0.601	27
海口	0.321	0.521	0.596	28
昆明	0.365	0.548	0.585	29
厦门	0.388	0.588	0.584	30
太原	0.422	0.594	0.573	31
宁波	0.350	0.571	0.568	32
兰州	0.322	0.525	0.553	33
银川	0.511	0.618	0.474	34

续　表

城市	生态投入指数	生态文明发展指数	可持续发展效率	效率排名
武汉	0.388	0.573	0.446	35

石家庄、郑州、青岛、南宁的可持续发展效率排名位于前列,其效率值为1,均位于可持续发展效率的前沿面上。该类城市多数资源消耗量不大,且处于经济发展上升期,在教育、卫生、环境等至少一方面表现突出,故可实现生态投入与生态文明发展的相对最优。可持续发展效率相对落后的武汉、银川、兰州、宁波、厦门等,由于资源消耗量过大,教育、卫生等产出不高,投入产出配比效率不高;经济规模大、发展程度高的北京、上海、广州、深圳等一线城市在可持续发展效率方面表现不突出,与其他城市相比,教育、卫生、环境等的发展程度明显较高,但由于人口过度聚集,资源消耗量大、污染物较多,面临着生态投入较大的问题。由此可见,经济发展规模越大并不意味着城市可持续发展效率越高。

为探求城市可持续发展效率与生态投入、生态文明发展指数之间的关系,按照可持续发展效率排名高低,采用玫瑰图以排名第1的石家庄为起点,顺时针分布,描述三者之间的具体情况,得到中国35个大中城市可持续发展效率玫瑰图(2017年),见图5-1。

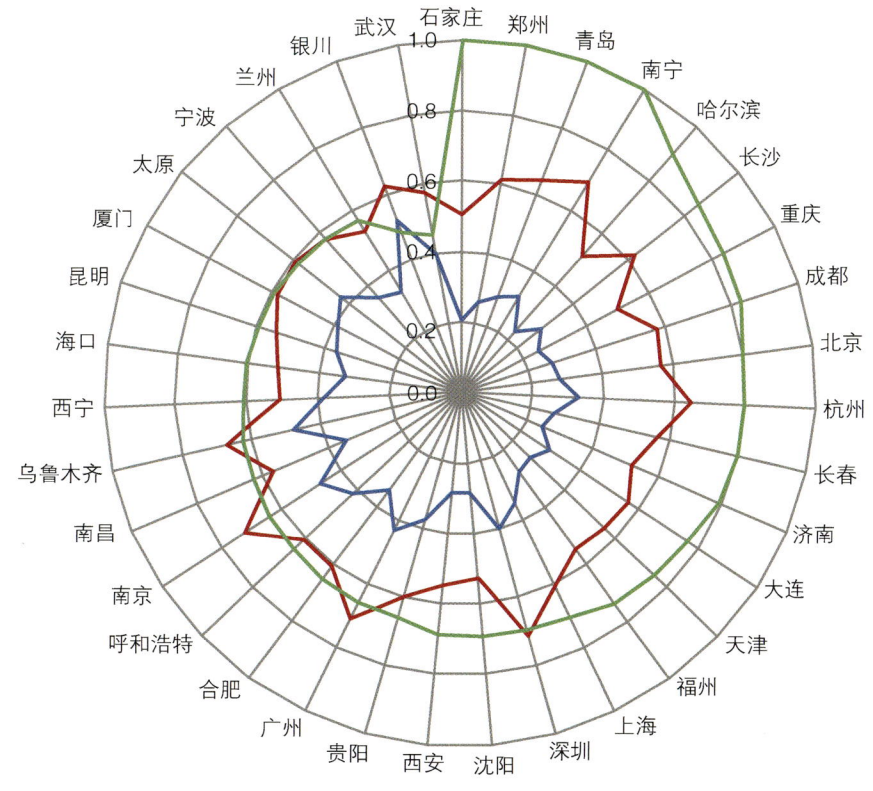

图5-1　中国35个大中城市可持续发展效率玫瑰图(2017年)

从图 5-1 中城市生态投入指数上看,生态投入居于首位银川的可持续发展效率却位于末位,表明高生态投入并不意味着高可持续发展效率。石家庄、哈尔滨、重庆、郑州、济南等生态投入较低,但可持续发展效率较高,表明加快可持续发展不一定须加大生产消耗,寻求适合的发展道路才是可持续发展的正确选择。由此可见,生态投入和可持续发展效率的相关性不大。

从城市生态文明发展指数上看,可持续发展效率与生态文明发展亦不一定相关。有些城市由于发展程度高、经济实力强等因素,生态文明发展指数较高,但人口数量庞大、环境资源利用率较低等,致使生态投入大,高投入高产出使得城市可持续发展效率不一定很高,如南京、深圳、广州等。有些城市生态环境优势明显,不过分依赖生态资源,同时得益于国家政策和地理优势,发展较快,故此类城市生态投入较低、生态文明发展较高,整体可持续发展效率较高,如南宁、杭州、青岛等。

从整体来看,效率居于首位的城市并非投入最低、发展程度最高。例如,南宁、郑州等生态投入不是最低,生态文明发展程度不是最高,但两者对比明显、差值较大。因此,应以尽可能少的投入获取尽可能高的发展程度,实现两者相对最优,才能达到高可持续发展效率。

5.2 城市可持续发展效率分级

城市可持续发展效率分类标准(表 5-2),依此将中国 35 个大中城市分为可持续发展低效率城市、中等效率城市、较高效率城市和高效率城市等 4 类,由此进一步得到中国 35 个大中城市可持续发展效率分级(2017 年),见图 5-2。

表 5-2　　　　　　　　　　城市可持续发展效率分类标准

城市效率分类	低效率城市	中等效率城市	较高效率城市	高效率城市
效率值 E	$0.0 \leqslant E < 0.6$	$0.6 \leqslant E < 0.8$	$0.8 \leqslant E < 1.0$	$E = 1.0$

从图 5-2 可以看出,可持续发展高效率城市包括石家庄、郑州、青岛、南宁。青岛、郑州、南宁均属于低生态投入、高生态文明发展城市,近年来经济发展较快,生态文明发展水平日益提高;石家庄属于低生态投入、低生态文明发展城市,生态文明发展指数未达到中位线,但生态投入控制较为突出,投入水平最低,在 35 个城市中位居第 1。

可持续发展较高效率城市包括哈尔滨、长沙、重庆、成都、北京、杭州。哈尔滨、重庆、北京属于低生态投入、低生态文明发展城市;杭州属于高生态投入、高生态文明发展城

5 中国35个大中城市可持续发展效率排名与解读

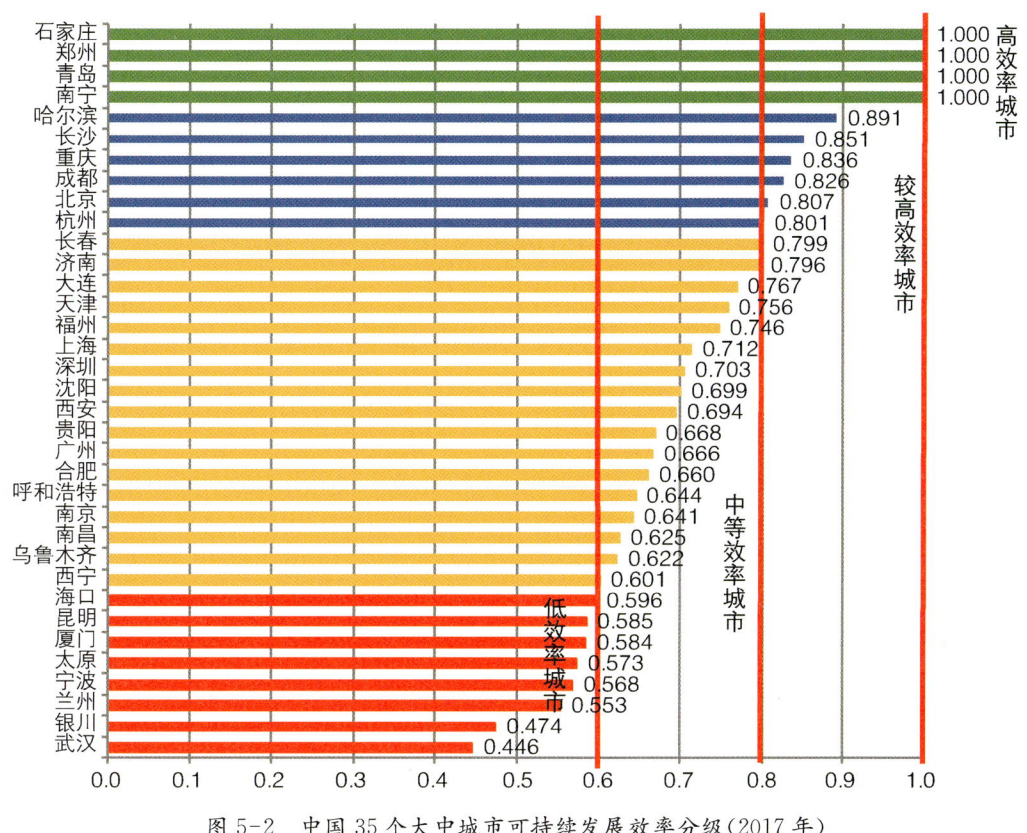

图5-2 中国35个大中城市可持续发展效率分级（2017年）

市；成都、长沙属于低生态投入、高生态文明发展城市，但生态投入和生态文明发展之间未达到相对最优。以上城市多数人才资源较丰富，产业结构较完整，经济发展程度较高，良好的经济基础为生态环境建设发展创造了有利条件，逐步转为环境友好型发展方式，正走向高附加值、经济带动能力强、可持续发展效率高的道路。

可持续发展中等效率包括长春、济南、大连、天津、福州、上海、深圳、沈阳、西安、贵阳、广州、合肥、呼和浩特、南京、南昌、乌鲁木齐、西宁等。上海、深圳、广州、南京、乌鲁木齐、贵阳、合肥、呼和浩特等属于高生态投入、高生态文明发展城市，经济发展程度较高，具有区位和政策优势，发展起步早，粗放型产业较少，生态文明发展水平较高，但人口过度集中、资源消耗量大等，致使生态投入较高；济南、大连、天津、福州、沈阳、西安等属于低生态投入、低生态文明发展城市；南昌和西宁属于高生态投入、低生态文明发展城市，以工业为支撑产业，拥有较多一线城市工业输出企业，承担较多外输能源任务，资源消耗量大且环境污染率高，经济发展方式粗放，应努力调整产业结构，逐步将工业经济转化为附加值高的高新技术产业经济，以提高城市可持续发展效率。

可持续发展低效率城市包括海口、昆明、厦门、太原、宁波、兰州、银川、武汉，均为高生态投入、低生态文明发展城市，多数没有国家政策、区位和发展基础等方面的优势，产业发展落后，资源整体利用效率不高，无法良好地将资源优势转化为经济效益。该类城市应充分发掘自身优势，在保护生态环境的同时，拓宽经济发展方式，以找到适合的经济提升道路。

5.3 城市可持续发展效率区域分析

5.3.1 东中西部效率分析

依照传统东中西部划分标准将中国35个大中城市进行归类，17个位于东部，9个位于中部，9个位于西部，进一步按照排名前10、15、20、25、30、35的次序，得到中国35个大中城市可持续发展效率排名地区分布（2017年），见图5-3。

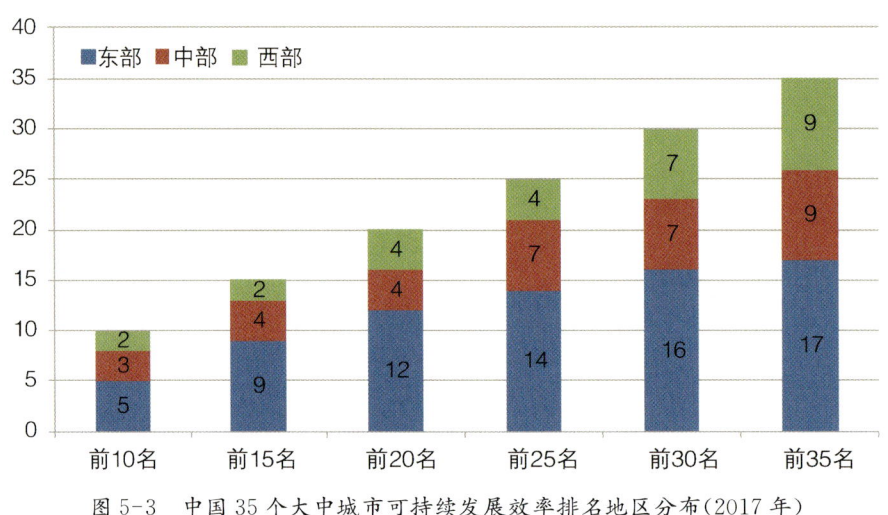

图5-3 中国35个大中城市可持续发展效率排名地区分布（2017年）

从图5-3可以看出，东部城市排名相对靠前，主要集中在前25名；中部城市排名相对居中，主要分布在第10~30名之间；相比之下西部城市排名相对落后。具体而言，东部地区城市可持续发展效率较高，多数处于平原地区，部分位于沿海发达地区，交通便利，信息交流频繁高效，发展起步早，政策优势明显，区域内人才密集型高新技术发展产业较多，不过分依赖生态资源，注重生态环境保护，废气废水等污染物排放量较低，故多以相对不高的生态消耗取得相对较高的生态文明发展成果，即两者间达到相对最优。生态投入指数较高的西部地区城市反而生态文明发展程度不高，可持续发展效率普遍较低。一方面由于自身发展较晚，发展基础薄弱，发展速度较慢，教育、卫生、环境等方面发展落后；另一方面，区域内城市接受较多中东部地区的工业产业转移，产业附加值不高，多以牺牲生态环境换取经济发展，仍处在传统经济发展的初级阶段。

将2014年的可持续发展效率排名分段，得到中国35个大中城市可持续发展效率排名地区分布（2014年），见图5-4。与2017年结果对比分析，发现35个大中城市可持续发展排名分布的整体特征变化不大，仍是东部地区城市最好，中部地区的居中，西部地区的较弱；西部地区城市进步明显，在可持续发展效率排名前20名中，占比明显增加，主要归因于政府采取了一系列促进西部发展的政策，引进人才和技术，为西部地区产业发展提供强大动力，依托生态环境优势，形成经济社会发展与生态文明建设的良好互动，逐步提高城市可持续发展效率。

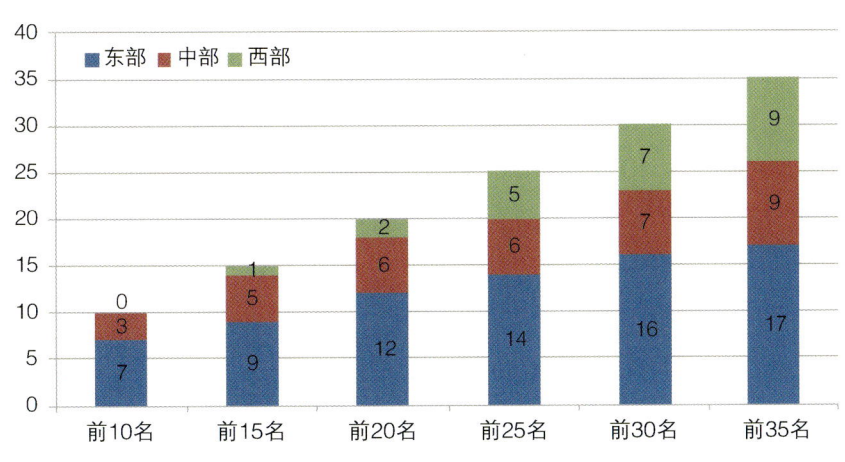

图5-4　中国35个大中城市可持续发展效率排名地区分布（2014年）

5.3.2　城市集群效率分析

分析中国4大主要城市群[①]的大中城市可持续发展效率，得到基于城市群视角的城市可持续发展效率（2017年），见图5-5。

从图5-5可以看出，京津冀城市群[②]和长三角城市群城市的可持续发展效率参差不齐，城市间差距较大。但两者中京津冀城市群整体可持续发展效率相对较好。其中，石家庄可持续发展效率为1，已达到35个城市中相对最优水平；天津属于中等效率城市，但排名也相对靠前。

---

① 本书分析的中国四大主要城市群包括京津冀城市群、长三角城市群、珠三角城市群和成渝城市群。
② 以大中城市为代表来衡量该城市群，下同。

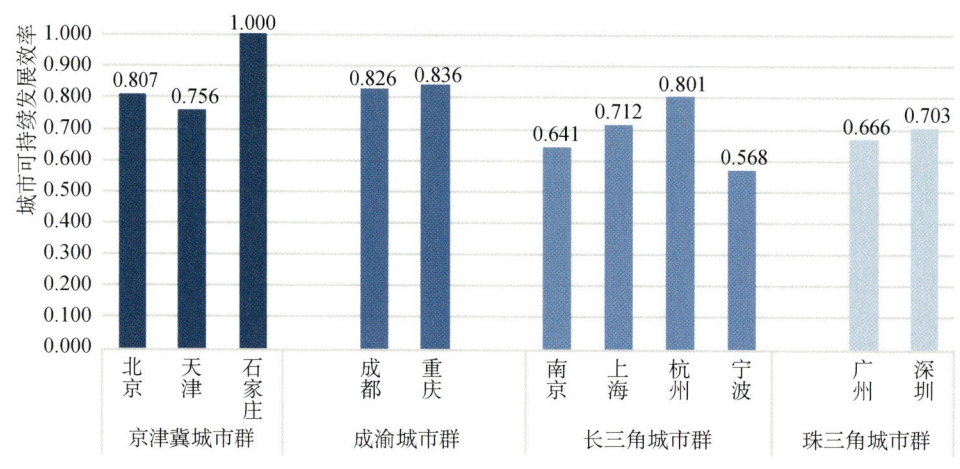

图 5-5　基于城市群视角的城市可持续发展效率（2017年）

长三角城市群城市的可持续发展效率位于4大城市群末位，经济较发达，发展速度较快，但由于经济聚集、人口众多，需要消耗大量资源，部分城市生态投入指数排名不够理想，尚未达到投入产出的相对最优。

珠三角城市群和成渝城市群城市的可持续发展效率居于中位，后者比前者表现更好。成都和重庆近年来一直以建设宜居城市为主要发展方向，资源消耗量低，环境污染程度小，但由于综合经济实力不够、产业结构不合理、经济发展方式粗放，生态文明发展程度不高。广州和深圳位于改革开放前沿，生态文明高度发展，但人口过度集中也导致生态投入较高。

5.4　城市可持续发展效率优化方向

南宁、青岛、郑州、石家庄的可持续发展效率为1.0，均位于可持续发展效率前沿面上，其他城市则处于效率欠佳状态。从理论上讲，要实现城市可持续发展的优化提升，需将效率欠佳城市从非DEA有效调至DEA有效，进一步优化效率最佳城市，尽可能降低生态投入，提高生态文明发展水平。基于此，结合生态投入指数和生态文明发展指数，得到中国35个大中城市可持续发展效率的具体优化措施。

郑州、青岛、南宁等低生态投入、高生态文明发展城市，虽属高效率城市，但仍存在进一步的优化空间。可通过开发利用可再生能源、提升能效、优化提升能源利用效率等方式，在维持现有生态文明发展水平下，降低生态投入，或通过促进产业结构优化升级、提升社会福利水平等方式，在维持现有生态投入水平下，提升生态文明发展水平。

北京、上海、深圳、广州等高生态投入、高生态文明发展城市，发展方式需由速度型向质量型、粗放型向可持续型转变,促进发展能源高效率转化技术,秉承低碳理念建设城市。

西宁、昆明、武汉、宁波、南昌等高生态投入、低生态文明发展城市,一方面要引进人才,以科技创新带动产业发展,改变传统经济发展方式,提高城市经济发展质量,另一方面要利用自身生态优势,实现生态与经济的良性互动,找到适合的发展道路。

重庆、济南、哈尔滨等低生态投入、低生态文明发展城市,要高度重视生态文明建设,尽快解决资源短缺、环境压力等问题,加快城镇化进程。

6 中国 35 个大中城市可持续发展效率增长排名与解读

在前述城市可持续发展指数、分类、效率等评估基础上,进一步对 2011—2017 年城市可持续发展效率的变动进行动态评估。运用 DEA 理论下经典 SBM 模型测算 Malmquist 指数评估城市可持续发展效率动态变化状况。其中,MPI 表示城市可持续发展总效率变化,MPI 大于 1,说明该城市总体效率变化呈进步状态;MPI 可拆分为 EC 个体效率变动指数和 TC 群体发展能力变动指数,即 EC 表示在一定技术和城市治理水平下,某城市与前沿面城市效率变化的相对状态,EC 大于 1,说明该城市相对整体的效率变化是进步的;TC 表示此类城市因要素聚能发展所带来的群体发展能力变化,TC 大于 1,说明该城市所代表的群体要素聚能发展能力是进步的。

6.1 城市可持续发展效率增长排名

经测算 2011—2017 年期间城市的 EC 个体效率变动指数、TC 群体发展能力变动指数,以及 MPI 可持续发展总效率变动指数,得到中国 35 个大中城市可持续发展效率变动及排名(2011—2017 年),见表 6-1。

表 6-1　中国 35 个大中城市可持续发展效率变动及排名(2011—2017 年)

城市	个体效率变动 (EC)	群体发展能力变动 (TC)	总效率变动 (MPI)	总效率 增长排名
成都	1.027 1	1.053 1	1.081 6	1
北京	1.028 7	1.051 2	1.081 4	2

续 表

城市	个体效率变动（EC）	群体发展能力变动（TC）	总效率变动（MPI）	总效率增长排名
海口	1.032 7	1.029 9	1.063 7	3
合肥	1.020 2	1.041 6	1.062 6	4
呼和浩特	1.068 1	0.988 3	1.055 6	5
长春	1.028 3	1.025 7	1.054 7	6
郑州	1.039 4	1.011 9	1.051 8	7
深圳	1.010 1	1.037 1	1.047 6	8
济南	1.027 8	1.018 9	1.047 2	9
兰州	1.049 7	0.995 1	1.044 7	10
长沙	0.973 5	1.069 1	1.040 7	11
大连	1.035 7	0.992 6	1.028 0	12
上海	1.031 5	0.990 8	1.022 0	13
杭州	1.033 8	0.988 2	1.021 6	14
天津	1.029 0	0.988 9	1.017 5	15
乌鲁木齐	1.023 8	0.990 2	1.013 8	16
石家庄	1.019 9	0.993 9	1.013 7	17
武汉	1.013 0	1.000 1	1.013 2	18
青岛	1.000 0	1.010 9	1.010 9	19
南昌	0.994 7	1.013 9	1.008 5	20
福州	1.006 4	0.999 0	1.005 4	21
重庆	1.014 2	0.990 4	1.004 5	22
广州	0.999 7	0.998 9	0.998 7	23
南京	1.003 9	0.994 3	0.998 2	24
南宁	1.000 0	0.996 7	0.996 7	25
太原	1.002 7	0.990 3	0.993 0	26
哈尔滨	0.981 0	1.007 3	0.988 2	27
厦门	0.991 6	0.986 5	0.978 2	28
贵阳	0.991 4	0.986 2	0.977 7	29
西安	0.976 7	0.995 4	0.972 2	30

续　表

城市	个体效率变动（EC）	群体发展能力变动（TC）	总效率变动（MPI）	总效率增长排名
昆明	0.991 4	0.979 6	0.971 1	31
西宁	0.990 6	0.979 5	0.970 3	32
银川	0.971 2	0.991 6	0.963 1	33
沈阳	0.975 6	0.984 4	0.960 3	34
宁波	0.970 5	0.979 7	0.950 8	35
平均值	1.010 1	1.004 3	1.014 6	—

从表6-1可以看出，2011—2017年MPI值大于1的城市占比63%，说明全国可持续发展总效率呈进步状态，35个城市总效率变化均值为1.46%，其中总效率提升超过5%的城市包括成都、北京、海口、合肥、呼和浩特、长春和郑州等。呼和浩特可持续发展总效率的提升主要表现为个体效率提高，其他6个城市均表现为个体效率提高与技术进步两方面。从个体效率变动来看，60%的城市EC值大于1，其中呼和浩特提升最大，高达6.81%，部分城市个体效率相对下降，但降幅均未超过3%。从群体发展能力来看，全国平均水平基本保持在原有水平，表明2011—2017年全国整体发展前沿没有明显前移。

6.2　城市可持续发展效率变化分类

以EC个体效率变动指数为横轴、TC群体发展能力变动指数为纵轴，描绘城市在分类效率变化中的位置，得到中国35个大中城市可持续发展效率变动分布（2011—2017年），见图6-1。

第一类以呼和浩特和兰州为代表，个体效率变动指数大于1，群体发展能力变动指数小于1（EC>1，TC<1），总效率增长主要依靠个体效率提高，在发展过程中通过不断借鉴发展前沿城市经验，提高自身管理效率，逐渐与发展前沿城市缩小差距。例如，自2012年呼和浩特逐步实施系列生态治理工程，相继推进多个沙坑治理项目，人均绿地面积从2011年的15.40 m^{2}提高到2017年的75.55 m^2，实现近4倍的增长，在35个大中城市中，排名从末位升居第6，环境产出水平显著提高，生态文明由低产出进入高产出发展阶段。

第二类城市以长沙为典型代表，个体效率变动指数小于1，群体发展能力变动指数大于1（EC<1，TC>1），总效率提高主要依靠发展前沿向前移动，即该位置上的发展前

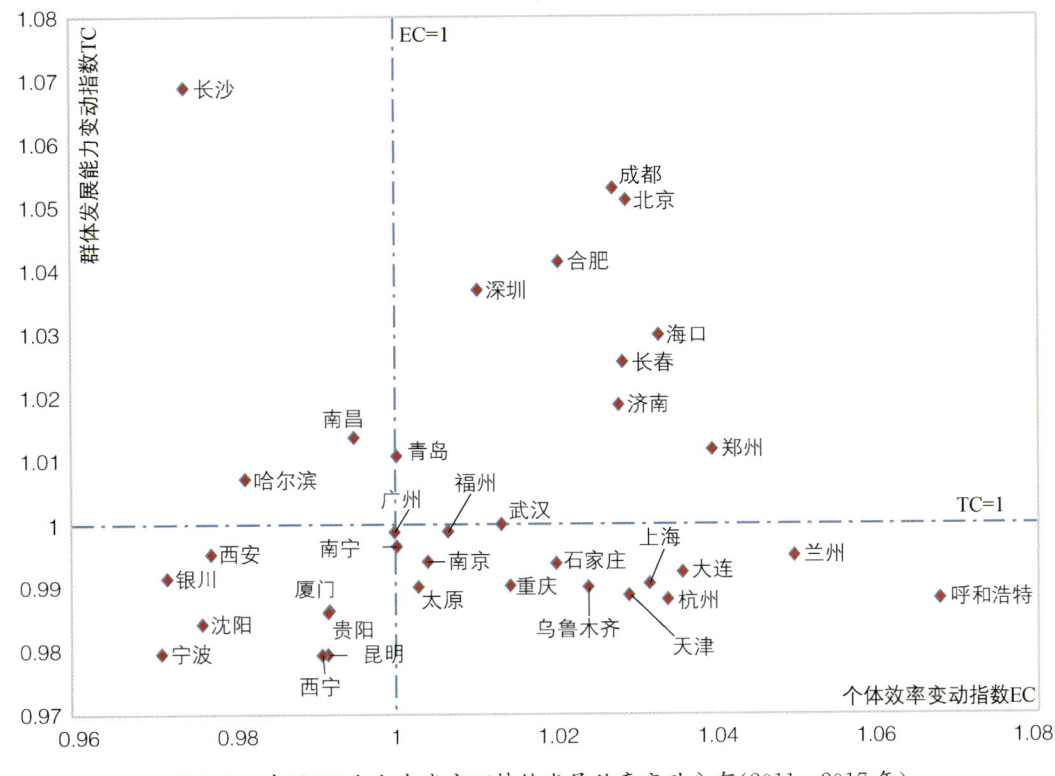

图 6-1 中国 35 个大中城市可持续发展效率变动分布(2011—2017 年)

沿取得技术改进带动整体可持续发展效率提升,但城市个体效率变动幅度落后于整体进步的,故此与发展前沿城市之间差距拉大。

第三类城市包括成都、北京、合肥、深圳、海口、长春、济南和郑州等,个体效率变动指数和群体发展能力变动指数均大于 1(EC>1,TC>1),个体效率提高的同时,整个前沿技术亦进步,个体效率与整体效率同步改善,属于相对理想的效率增长状态。

第四类城市包括宁波、沈阳、银川、西宁、昆明、西安、贵阳、厦门和广州等,个体效率变动指数和群体发展能力变动指数均小于 1(EC<1,TC<1),城市可持续发展效率呈相对下降趋势。

6.3 城市可持续发展效率变化区域分析

6.3.1 基于八大综合经济区视角

依据表 3-4 的八大综合经济区划分,将中国 35 个大中城市可持续发展总效率增长按 5 个排名为一梯段,得到八大综合经济区视角的城市可持续发展效率变化排名分布

（2011—2017年），见图6-2。

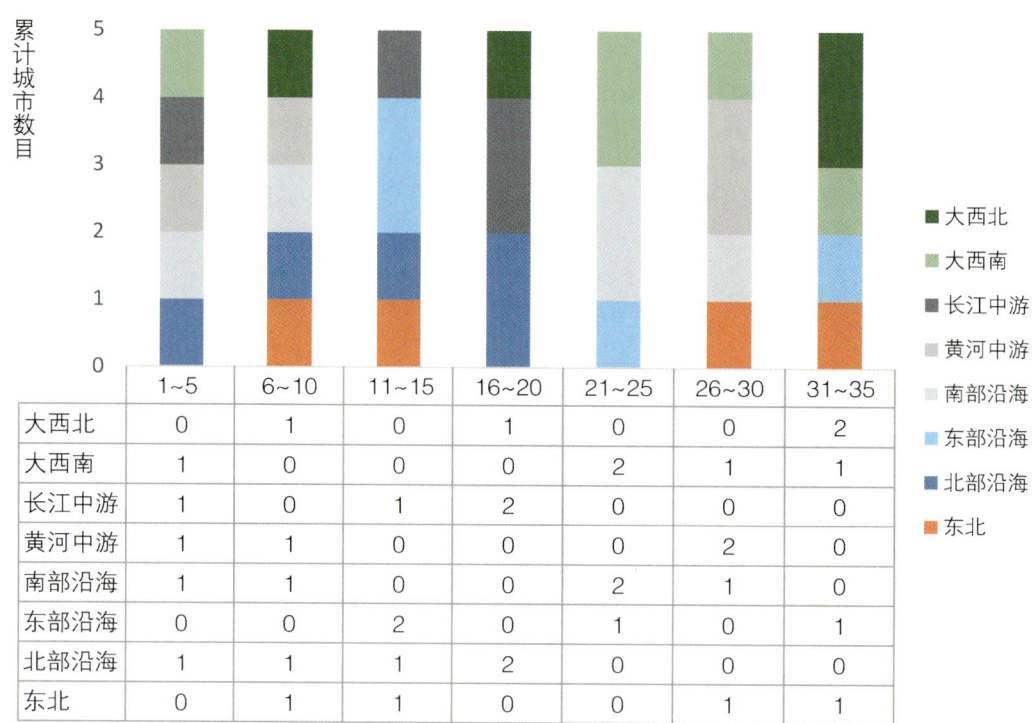

图6-2 经济区视角的城市可持续发展效率变化排名分布(2011—2017年)

从图6-2可以看出，长江中游地区和北部沿海地区城市，均匀分布在前20位，可持续发展总效率增长相对靠前，且区域一致性相对较高；其余6大区域城市排名分布均较为分散，内部分化严重，其中东北地区的长春总效率增长较快，排名第6，沈阳总效率有所降低，排名较为靠后；东部沿海地区城市具有相对一致的高生态文明发展水平，但可持续发展效率增长略显乏力，特别是宁波的总效率增长在35个城市中排名末位；南部沿海地区和黄河中游地区内的城市差距较大，海口、深圳、呼和浩特和郑州的总效率增长均位居前列；大西南地区城市中，成都可持续发展总效率增长位居第1，重庆、南宁、贵阳和昆明位列20名之后，区域内部两极分化严重；大西北地区城市可持续发展总效率增长整体排名相对靠后，其中西宁和银川的发展效率有所降低，排名居于末位。

综上可见，我国八大综合经济区可持续发展效率增长情况地区间相对均衡，未见明显区域间差距，仅区域内部城市间存在一定的不均衡性。

6.3.2 基于八大综合经济区的城市效率变化分析

对区域划分下城市可持续发展的分类效率变化表现进行深入分析，绘制八大综合经济区视角的城市可持续发展效率变化分布(2011—2017年),见图6-3。

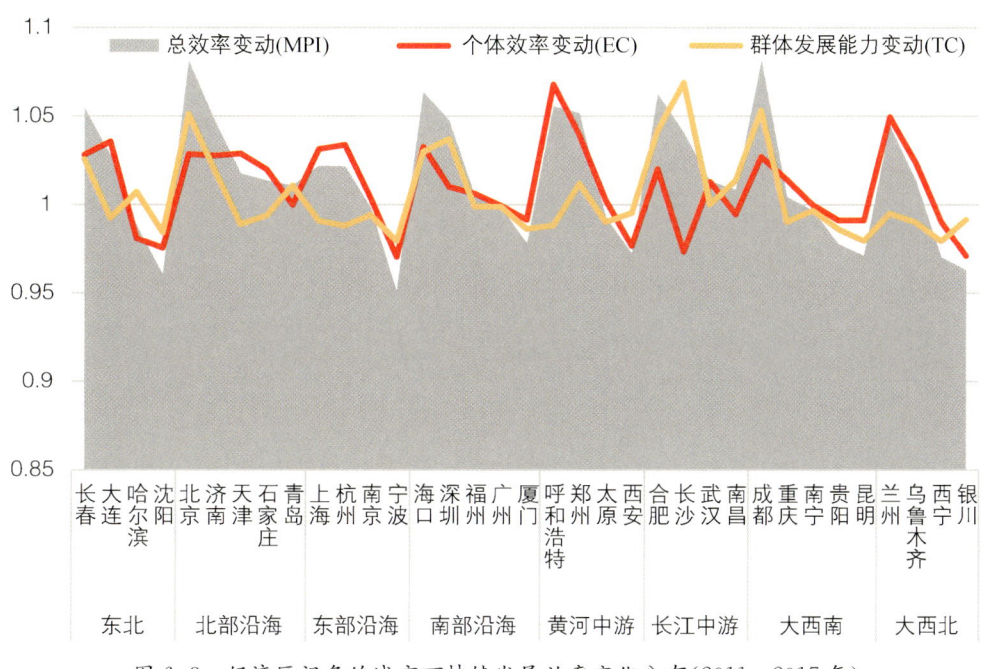

图6-3 经济区视角的城市可持续发展效率变化分布(2011—2017年)

从图6-3可以看出,我国八大综合经济区可持续发展效率变化呈现出区域间波动明显和区域内差异较大的特点。八大综合经济区综合效率增长表现最好的城市包括长春、北京、上海、海口、呼和浩特、合肥、成都、兰州等。从图中各类效率变化值的波峰与波谷可以看出,部分城市个体效率变动和群体发展能力变动呈现明显不一致性。一方面,个体效率变动表现出色的城市群体发展能力变动方面表现未必较好,如呼和浩特的个体效率增长在35个城市中最高,但其群体发展能力变动指数却小于1。另一方面,群体发展能力变动表现出色的城市可能其个体效率变动表现不佳,如长沙的群体发展能力变动在35个城市中增幅最大,个体效率变动指数位于末位。

7 中国 35 个大中城市可持续发展路径优化

7.1 城市可持续发展模式选择

根据莱斯特·布朗的观点,城市发展 B 模式特征是低碳可再生能源、物质再生性利用和能效革命,实质是从追求快速增长转换为追求高质量发展,以显著提高自然资源产出效率。根据诸大建教授的观点,B 模式适用于发达国家的绿色转型,C 模式是一种在自然资源与生态环境双重压力下,与发展中国家相适应的可持续发展模式,即在不超过人均生态投入的条件下,提高生态文明发展水平。基于现有理论分析框架,结合中国城市实际,本书提出 D 模式和 S 模式,构建城市可持续发展的 CSBD 模式理论,详见第 2 章第 2 节 2.2.4。

基于两轴-四区划分成果,运用 CSBD 发展模式理论,得到中国 35 个大中城市可持续发展模式(2017 年),见表 7-1、图 7-1。

表 7-1　　中国 35 个大中城市可持续发展模式(2017 年)

区域	发展模式选择	城　市
Ⅰ区	C 模式(扩容)	石家庄、哈尔滨、重庆、北京、济南、大连、天津、福州、沈阳、西安、海口、兰州
Ⅱ区	S 模式(优化)	青岛、南宁、郑州、长沙、成都、长春
Ⅲ区	B 模式(提质)	杭州、上海、深圳、贵阳、广州、合肥、呼和浩特、南京、乌鲁木齐、厦门、太原、银川
Ⅳ区	D 模式(提质+扩容)	南昌、西宁、昆明、宁波、武汉

7 中国35个大中城市可持续发展路径优化

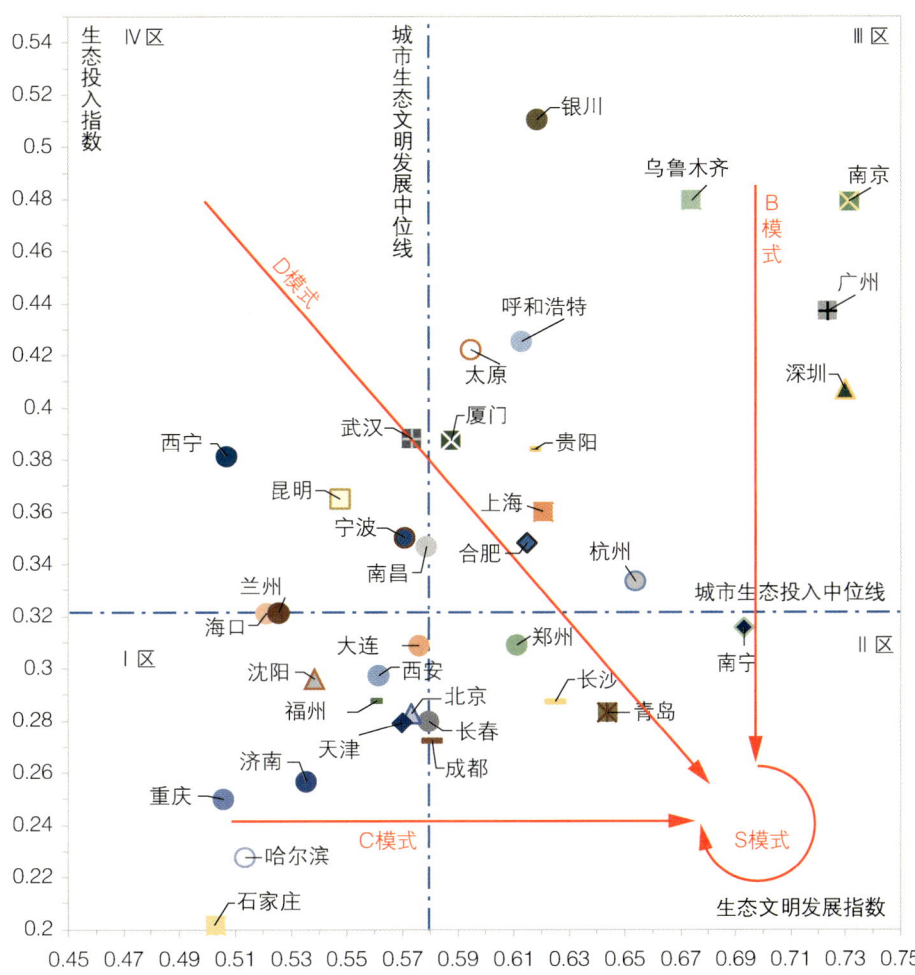

图 7-1　中国 35 个大中城市可持续发展模式（2017 年）

7.1.1　Ⅰ区城市选择 C"扩容"模式

Ⅰ区包括石家庄、海口等 12 个城市，在 35 个大中城市中占 34.3%，发展呈低投入低产出状态，经济发展质量不高，应通过提高生态效率来提升城市生态文明发展水平，保证经济社会发展速度跑赢生态投入增长速度，逐步提高城市生态文明发展质量。因此，该区城市应选择城市生态投入水平与生态文明发展水平相对脱钩的 C 模式，着重实施扩容式发展。

7.1.2　Ⅱ区城市选择 S"优化"模式

Ⅱ区包括青岛、郑州等 6 个城市，在 35 个大中城市中占比 17.1%。其中，青岛、郑州、南宁处于可持续发展效率前沿面上，投入与产出的相对效率较高，其他3个城市的相对效率仍有提升空间。

Ⅱ区城市发展呈低投入高产出状态，是城市可持续发展较为理想的状态，应在控制城市生态投入，利用可再生能源、提升能效、走生态经济发展模式的同时，提高生态文明发展水平，以实现城市可持续发展进一步优化。因此，该区城市应选择追求更高发展品质的S"优化"模式。

7.1.3　Ⅲ区城市选择B"提质"模式

Ⅲ区包括上海、深圳等12个城市，在35个大中城市中占34.3%，生态文明发展已达较高水平，生态投入越过城市生态投入中位线，呈不可持续发展状态，应在保持生态文明发展水平的同时，实现生态投入减量化，通过经济结构转型，提高能源利用效率，建立生态环境友好的绿色经济增长模式。因此，该区城市发展应选择B"提质"模式，以达到低投入高产出的可持续发展状态。

7.1.4　Ⅳ区城市选择D"提质＋扩容"模式

Ⅳ区包括武汉、南昌等5个城市，在35个大中城市中占14.3%，发展呈高投入低产出状态，落入低效率低能力的发展陷阱，是不可持续的，应在节约资源，节能减排的同时，提高城市经济发展质量、优化产业结构，提升城市生态文明发展水平。因此，该区城市应采取"扩容、提质"措施，走城市可持续发展的D模式。

7.2　城市可持续发展改进路径

Ⅰ区、Ⅱ区、Ⅲ区和Ⅳ区城市均需通过效率改进达到发展前沿面，实现最佳可持续效率发展，考虑到各城市在人口、地理、经济等方面的差异性，改进过程中须找到适合自身发展的路径。

7.2.1　Ⅰ区城市改进路径

Ⅰ区城市绝大部分未达到DEA有效，相对发展效率不足，存在较大的改进空间。

该区城市 2017 年效率平均值为 0.762,其中,石家庄效率最高为 1.000,兰州最低为 0.553,城市间可持续发展效率差异较大。基于城市的各项投入产出指标,得到Ⅰ区城市可持续发展效率及改进量(2017 年),见表 7-2。

表 7-2　　　　　　　　　Ⅰ区城市可持续发展效率及改进量(2017 年)

序号	城市	可持续发展效率	生态投入减少量		生态文明发展提高量		
			资源消耗	污染排放	环境产出	社会产出	经济产出
1	石家庄	1.000	0.000	0.000	0.000	0.000	0.000
2	哈尔滨	0.891	0.000	0.027	0.042	0.000	0.010
3	重庆	0.836	0.000	0.048	0.086	0.033	0.000
4	北京	0.807	0.049	0.025	0.000	0.088	0.000
5	济南	0.796	0.010	0.000	0.133	0.071	0.000
6	大连	0.767	0.059	0.080	0.000	0.027	0.000
7	天津	0.756	0.000	0.009	0.215	0.017	0.000
8	福州	0.746	0.079	0.031	0.000	0.030	0.000
9	沈阳	0.699	0.000	0.030	0.308	0.000	0.006
10	西安	0.694	0.118	0.016	0.000	0.000	0.000
11	海口	0.596	0.000	0.050	0.425	0.000	0.000
12	兰州	0.553	0.142	0.000	0.177	0.012	0.000
平均值		0.762	0.038	0.026	0.116	0.023	0.001

1. 生态投入改进路径

Ⅰ区城市在资源消耗减少量方面,兰州、西安、福州、大连和北京 5 个城市进行 DEA 相对效率改进时,减少量高于该区城市平均减少水平(0.038),其中兰州和西安的减少量最大,分别为 0.142、0.118,仍需较大改进。济南的减少量低于Ⅰ区城市平均值,为 0.010,所需改进较小。石家庄和哈尔滨等城市减少量均为 0,暂不需改进。

在污染排放减少量方面,大连、海口、重庆、福州、沈阳和哈尔滨 6 个城市进行 DEA 相对效率改进时,减少量高于该区减少平均值(0.026),其中大连和海口的减少量最大,分别为 0.080、0.050,仍存在一定改进空间。北京、西安、天津 3 个城市的减少量低于平均值,所需改进较小。石家庄、济南、兰州 3 个城市的减少量均为 0,暂无需改进。

综合来看,生态投入所需改进相对较大的有兰州、大连、西安、福州、北京 5 个城市,应更加重视节约资源和节能减排。

2. 生态文明发展改进路径

Ⅰ区城市在环境产出提升量方面,海口、沈阳、天津、兰州和济南 5 个城市进行 DEA

相对效率改进时,提升量高于该区城市平均提升水平(0.116),其中海口、沈阳的提升量远高于其他城市,分别为0.425、0.308,需较大改进。石家庄、北京、大连、福州和西安等5个城市的环境产出提升量为0,已达到较高水平。

在社会产出提升量方面,北京、济南、重庆、福州和大连5个城市的提升量较高,其中北京和济南的提升量最大,分别为0.088、0.071,需较大改进。天津和兰州所需改进较小。石家庄、哈尔滨等其他5个城市提升量均为0,暂无需改进。社会产出提升量平均水平(0.023)明显低于环境产出提升量的平均水平(0.116)。

在经济产出提升量方面,仅哈尔滨和沈阳需要进行小幅改进。经济产出提升量普遍偏低,提升平均值为0.001。

综合来看,生态文明发展所需改进相对较小的城市仅石家庄、哈尔滨、大连、福州和西安,其他城市均需进一步加强城市生态文明建设。这些城市应注重扩大城市绿地面积,提高环境产出。同时,要解决城乡区域发展差距和居民收入差距扩大、收入分配秩序不规范等问题,调整优化财政支出结构,压缩一般性支出,优先保障教育支出,扩大政府医疗支出比例,以提高社会产出。

7.2.2 Ⅱ区城市改进路径

Ⅱ区城市近半数达到DEA有效(可持续发展效率值为1),效率平均值0.913,整体可持续发展效率较高,城市间可持续发展效率较接近。基于各项投入产出指标,得到Ⅱ区城市可持续发展效率及改进量(2017年),见表7-3。

表7-3　　Ⅱ区城市可持续发展效率及改进量(2017年)

序号	城市	可持续发展效率	生态投入减少量		生态文明发展提高量		
			资源消耗	污染排放	环境产出	社会产出	经济产出
1	青岛	1.000	0.000	0.00	0.000	0.000	0.000
2	郑州	1.000	0.000	0.00	0.000	0.000	0.000
3	南宁	1.000	0.000	0.00	0.000	0.000	0.000
4	长沙	0.851	0.000	0.005	0.141	0.000	0.000
5	成都	0.826	0.015	0.000	0.128	0.000	0.000
6	长春	0.799	0.077	0.000	0.000	0.000	0.000
平均值		0.913	0.015	0.001	0.045	0.000	0.000

1. 生态投入改进路径

Ⅱ区城市在资源消耗减少量方面,长春和成都进行DEA相对效率改进时,减少量高于该区城市平均减少水平(0.015),分别为0.077、0.015,需进行改进。青岛、郑州、南宁和长沙4个城市的减少量均为0,暂不需改进。

在污染排放减少量方面,仅长沙的减少量高于平均水平(0.001),为0.005,需进行小幅改进。其他5个城市的减少量均为0,暂无需改进。

综合来看,生态投入所需改进相对较大的城市有成都和长沙,总改进量均高于该区城市生态投入减少量的平均水平,应更加重视节约资源和节能减排。

2. 生态文明发展改进路径

Ⅱ区城市在环境产出提升量方面,长沙和成都的环境产出提升量高于提升平均值0.045,分别为0.141、0.128,需要相对较大改进。该区其他城市的环境产出提升量均为0,暂无需改进。

另外,全部城市的社会产出和经济产出提升量为0,表明该区城市可暂不着重关注社会和经济方面的改进,应将改进重心放在提高环境产出,以进一步提升城市生态文明发展水平。

7.2.3 Ⅲ区城市改进路径

Ⅲ区城市可持续发展效率相对偏低,12个城市均未达到DEA有效,效率平均值为0.646,其中杭州效率最高为0.801,银川最低为0.474,具有较大改进空间,城市间可持续发展效率亦存在较大差异。基于各项投入产出指标,得到Ⅲ区城市可持续发展效率及改进量(2017年),见表7-4。

表7-4　　　　　　　　　Ⅲ区城市可持续发展效率及改进量(2017年)

序号	城市	可持续发展效率	生态投入减少量		生态文明发展提高量		
			资源消耗	污染排放	环境产出	社会产出	经济产出
1	杭州	0.801	0.062	0.045	0.000	0.000	0.051
2	上海	0.712	0.092	0.091	0.000	0.056	0.000
3	深圳	0.703	0.148	0.031	0.000	0.000	0.028
4	贵阳	0.668	0.117	0.112	0.000	0.000	0.069
5	广州	0.666	0.170	0.044	0.000	0.072	0.000

续 表

序号	城市	可持续发展效率	生态投入减少量		生态文明发展提高量		
			资源消耗	污染排放	环境产出	社会产出	经济产出
6	合肥	0.660	0.155	0.020	0.000	0.000	0.015
7	呼和浩特	0.644	0.119	0.177	0.000	0.087	0.000
8	南京	0.641	0.180	0.089	0.000	0.077	0.000
9	乌鲁木齐	0.622	0.157	0.194	0.000	0.000	0.078
10	厦门	0.584	0.171	0.084	0.000	0.098	0.000
11	太原	0.573	0.000	0.094	0.570	0.000	0.148
12	银川	0.474	0.289	0.201	0.000	0.004	0.000
	平均值	0.646	0.138	0.099	0.047	0.033	0.032

1. 生态投入改进路径

Ⅲ区城市在资源消耗减少量方面,银川、南京、厦门、广州、乌鲁木齐、合肥和深圳等7个城市的减少量高于该区城市平均减少水平(0.138)。其中,银川和南京的减少量最大,分别为0.289、0.180。

在污染排放减少量方面,银川、乌鲁木齐、呼和浩特和贵阳4城进行DEA相对效率改进时,减少量高于各城市减少平均值(0.099),其中,银川和乌鲁木齐减少量最大,分别为0.201、0.194,需较大改进。太原、合肥等其他8个城市的减少量低于平均值,其中,太原和上海的减少量最大,分别为0.094、0.091,所需改进较小,仍需重视环境污染问题。

综合来看,生态投入所需改进相对较大的城市有银川、乌鲁木齐、呼和浩特、南京和厦门,总改进量均高于该区城市平均水平,应进一步重视节约资源和节能减排。此外,该区多数城市资源消耗减少量高于污染排放减少量,故应减少水资源、土地和能源等各类资源消耗,提高投入产出效率,以实现城市生态投入整体下降。

2. 生态文明发展改进路径

Ⅲ区城市在环境产出提升量方面,仅太原需改进,提升量高达0.570,具有极大的改进空间。其他城市生态文明发展改进主要表现在社会产出和经济产出两个方面。

在社会产出提升量方面,厦门、呼和浩特、南京、广州和上海5个城市进行DEA相对效率改进时,提升量高于该区城市提升量平均值(0.033),其中,厦门和呼和浩特的提升量最大,分别为0.098、0.087,需较大改进。银川的提升量低于提升量平均值,为

0.004，需较小改进。杭州、深圳等 6 个城市的提升量均为 0，暂无需改进。

在经济产出提升量方面，太原、乌鲁木齐、贵阳和杭州 4 个城市进行 DEA 相对效率改进时，提升量高于该区城市提升平均值（0.032），其中，太原和乌鲁木齐的提升量最大，分别为 0.148、0.078，需较大改进。深圳和合肥的提升量低于提升平均值，分别为 0.028、0.015，需相对较小改进。上海、广州等 6 个城市的提升量均为 0，暂无需改进。

综合来看，仅太原的生态文明发展需较大改进，总改进量超出该区城市生态文明提升量的平均水平，应着重提高环境和经济产出。其他城市的改进应集中于社会产出和经济产出。

7.2.4　Ⅳ区城市改进路径

Ⅳ区城市的发展效率普遍处于较低水平，平均效率值 0.565，其中南昌效率最高为 0.625，武汉最低为 0.446。基于各项投入产出指标，得到Ⅳ区城市可持续发展效率及改进量（2017 年），见表 7-5。

表 7-5　　　　　　　　Ⅳ区城市可持续发展效率及改进量（2017 年）

序号	城市	可持续发展效率	生态投入减少量		生态文明发展提高量		
			资源消耗	污染排放	环境产出	社会产出	经济产出
1	南昌市	0.625	0.146	0.071	0.000	0.000	0.000
2	西宁市	0.601	0.113	0.237	0.000	0.004	0.000
3	昆明市	0.585	0.150	0.130	0.000	0.001	0.000
4	宁波市	0.568	0.000	0.046	0.475	0.023	0.000
5	武汉市	0.446	0.000	0.048	0.673	0.000	0.007
平均值		0.565	0.082	0.106	0.230	0.006	0.001

1. 生态投入改进路径

Ⅳ区城市在资源消耗减少量方面，昆明、南昌和西宁 3 个城市，需基于 DEA 相对效率进行改进。

在污染排放减少量方面，西宁和昆明的减少量较高，分别为 0.237、0.130，需较大改进。南昌、宁波和武汉 3 个城市的污染排放减少量相对较低，需较小改进。

综合来看，生态投入所需改进相对较高的城市有南昌、西宁和昆明。其中，南昌和昆明应注重减少资源消耗，西宁应加强节能减排。

2. 生态文明发展改进路径

Ⅳ区城市在环境产出提升量方面,仅武汉和宁波需进行改进,提升量分别为0.673、0.475。在社会产出提升量方面,宁波所需提升量最大,为0.023。在经济产出提升量方面,武汉是该区需改进的唯一城市。

综合来看,武汉和宁波均需改进提高环境产出。同时,武汉要关注经济发展,宁波则关注社会发展。

下 篇

城市可持续发展典型案例

8 中国典型城市可持续发展实践

青岛、南宁、郑州、长沙、成都、长春等6个城市位于可持续发展两轴-四区的Ⅱ区，是城市可持续发展较为理想的低投入高产出状态，应追求更高发展品质的S"优化"模式。其中，青岛市处于可持续发展效率前沿面上，投入与产出的相对效率较高，2011年到2017年，青岛市跨越传统的先进入高生态投入高生态文明产出状态再转型至低生态投入高生态文明状态的发展路径，直接进入低生态投入高生态文明状态，其转型发展路径极具典型意义。长沙市的可持续发展效率总体呈上升趋势，生态投入和生态文明产出之间的关系不断优化，属于全国可持续发展效率较高的城市，但2011年以来，长沙市EC呈相对下降趋势且下降幅度较大，而TC却为全国最高，其转型发展路径特点极具借鉴价值。因此，本章选取青岛市和长沙市作为典型城市可持续发展案例，系统解析两市推进可持续发展和实施可持续治理的主要举措，为全国城市可持续发展模式优化提供借鉴与启示。

8.1 践行生态文明理念，推进可持续发展

评估结果显示，2017年青岛市可持续发展效率为1，位居全国35个大中城市首位，生态投入与生态文明发展实现相对最优；生态投入指数为0.283，居第10位，处于中低生态投入水平；生态文明发展指数0.644，居第7位，处于较高生态文明发展水平。2011—2017年，青岛市可持续发展总效率变动指数（MPI）为1.010 9，居第19位，其中个体效率变动指数（EC）为1，表明可持续发展管理能力较稳定；群体发展能力变动指数（TC）为1.010 9，表明技术进步有效促进了可持续发展效率的提升。此外，生态投入指

数小幅度增加,从 0.245 升至 0.283,但始终保持在低生态投入范围内,生态文明发展指数上升明显,从 0.559 升至 0.644,成功实现由低生态投入低生态文明发展到低生态投入高生态文明发展的转换,走出了一条"稳投入-增产出"发展之路。

2017 年,长沙市可持续发展效率为 0.851,位居第 6 位;生态投入指数为 0.288,居第 12 位,也处于中低生态投入水平;生态文明发展指数 0.625,居第 8 位,在生态投入远低于全国平均水平的前提下实现了良好的生态文明发展。2011—2017 年,长沙市 MPI 为 1.040 7,居第 11 位,其中 EC、TC 分别为 0.973 5 和 1.069 1,TC 在 35 个大中城市中排名第一,说明长沙市效率提高主要依靠发展前沿向前移动,效率进步主要得益于要素聚能发展能力的提升。此外,生态投入指数呈现一定的波动,由 0.306 下降至 0.288,而生态文明发展指数则呈现稳步上升趋势,由 0.550 上升至 0.625,在可持续发展四象限中由低生态投入低生态文明产出发展为低生态投入高文明产出状态,呈现"稳投入-增产出"型演化路径。

8.2 加快新旧动能转换,实施可持续治理

8.2.1 青岛市主要举措

1. 实施"标准化+"发展战略

青岛市遵循可持续发展理念,以"标准化"为着力点,2015 年首次提出实施"标准化+"国际创新型城市发展战略,2017 年开始举办青岛市国际标准化论坛,利用标准制定助推城市可持续发展,以先进理念指导实践,走出具有青岛特色的可持续发展之路。

借力国际标准,助推可持续发展。青岛市以 ISO37120 国际标准的应用为可持续发展标准化工作突破口,从经济、教育、能源、环境和健康等 10 个方面采集 2014 年本市数据,对比 19 个直辖市和副省级城市,综合评估本市可持续发展状况。评估结果显示,2014 年青岛市尚未开通轨道交通,交通成为制约城市可持续发展的短板,引起市领导的高度重视。为解决交通短板问题,青岛市出台《青岛市城市总体规划(2011—2020)》《青岛市"十三五"交通运输发展规划》等多项规划,提出构建以轨道交通为骨干,常规公交为主体,特色公交为亮点,绿色安全、换乘高效的全域立体化公共交通网络,建成中国一流的公交都市示范城市的发展目标。同时,提出一系列具体措施:①全力发展轨道交通,截至 2018 年 12 月开通运营线路 4 条,运营里程达 171.8 km;②发布《关于优先发展公共交通的实施意见》(青政办发〔2014〕27 号),积极完善公共汽电车建设;③重视新能源汽

车发展,设立新能源汽车推广应用示范财政扶持专项资金,统筹规划电动汽车充电基础设施建设。通过各项措施的有力推进,青岛市每十万人大容量公共交通运营线路总长度、每十万人轻型公共交通运营线路总长度、人均拥有私人汽车数量等指标逐年提升,交通状况得到明显改善。

依托国家标准,提升管理水平。青岛市在开展国际标准转化工作的同时,提出 ISO 37120 国际标准中各项指标在中国情景下的适用建议,并将青岛市经验融入《城市可持续发展城市服务和生活品质的指标》(GB/T 36749—2018)等国家标准。标准设定的研究和应用为城市可持续发展提供了强有力的技术保证和实施抓手,也为其他城市可持续发展提供了可借鉴的成功经验。

推行标准化试点,发挥示范引领作用。作为国家新型城镇化首批标准化试点城市,青岛市初步建成极具特色的新型城镇化标准体系,包括基本公共服务和社会治理标准体系、全域基础设施建设标准体系、资源环境和生态保护标准体系和"海绵城市"相关标准。此外,《关于全面推进标准化建设的实施意见》《青岛市新型城镇化标准化试点工作实施方案》《青岛市国际城市战略指标体系》《青岛市"标准化+"发展规划(2016—2020年)》《青岛市标准化资助奖励资金管理办法》《青岛市贯彻山东省国家标准化综合改革试点工作的实施方案》《青岛市标准先进性评价办法》等颁布实施,标准化贯穿于青岛市经济社会发展的每个领域,正在形成"事事有依据,处处有标准"的格局,支撑起了城市发展的新动能。

以论坛为介,积极开展交流与合作。为创造与国内外城市交流以及与国际、区域和国家等标准化机构的合作机会,切实发挥青岛市"全球可持续发展标准化城市联盟"成员作用,青岛市积极参与和组织国际、国内标准化活动,吸收和借鉴发达国家和国内先进城市推动城市可持续发展标准化的经验,促进城市实现可持续发展。2017 年 6 月 28 日召开的青岛市国际标准化论坛分设了"国际标准支撑城市可持续发展"专题论坛,为国内外城市共商城市发展良策提供了交流和学习平台。

2. 提升环境保护力度

降低水资源消耗。近年来青岛市环境保护力度不断加大,城市环境质量不断提升,青岛市水资源消耗水平总体平稳。2011 年 10 月 20 日,青岛市人民政府为巩固提升"五化"建设成果,就加强生态文明乡村建设提出《关于加强生态文明乡村建设的意见》,不断加大市政基础设施建设投入力度,加强生态文明建设,有效提升了青岛市环境质量,降低了青岛市人均污染物排放量,提升了水资源利用率。

降低污染排放与能源消耗。伴随产业结构转型和环保力度提升,青岛市在经济快速增长的同时,人均污染排放量和人均能源消耗增长幅度均呈现逐年递减趋势。

2016年1月8日,《青岛市城市总体规划(2011—2020年)》指出要加快经济发展方式转变、产业结构调整和城市智能的拓展提升,加强资源环境保护,建设资源节约型、环境友好型城市;加强水资源、能源在全省乃至全国范围的统一调配力度;市政基础设施不断提升与可持续发展产业结构调整造就了青岛市低污染、高产出的经济发展模式。

3. 完善医疗保障体系

健全的医疗保障体系是城市可持续发展的重要保障。青岛市近年来出台多项政策不断完善医疗保障体系,各项数据显示青岛市医疗保障体系正在不断完善,人均床位数不断增长,人均寿命总体也呈增长趋势。2013年1月31日青岛市人民政府办公厅制定《青岛市县级公立医院综合改革试点工作实施细则》,力争92%以上的患者在本县(市)域内得到有效诊治,基本实现大病不出县(市),切实缓解群众看病难、看病贵问题。同时,按照患者总体负担不增加、医疗合理收入不减少、政府和医保可承受的原则,实施"锁定总量、调整结构,增加投入、减轻负担,在线监管、提高绩效、调动积极性"综合改革。

4. 建设宜居生态城市

青岛市制定并实施了一系列绿化改革,有效保障了2011年至2017年间市人均绿地面积逐步增加,从不足50 m^{2}增长至突破70 m^2。2016年,《青岛市生态文明体制改革实施方案》发布,加快建立系统完整的生态文明制度体系,推进生态文明建设,增强生态文明体制改革的系统性、整体性、协同性。2017年,《关于加快推进生态文明建设的实施方案》发布,以创新、协调、绿色、开放、共享发展理念为引领,把生态文明建设放在突出战略位置,深度融入经济建设、政治建设、文化建设、社会建设各方面和全过程,协同推进新型工业化、信息化、城镇化、农业现代化和绿色化,加快实现生产消费流通各环节绿色化、循环化、低碳化,加快完善生态文明制度体系,弘扬生态文化,倡导绿色生活,加快建设美丽青岛市,推动宜居、幸福、创新型国际城市建设。

8.2.2 长沙市主要举措

1. 持续推动经济结构转型

改造传统动能,培育绿色新动能。长沙市在不断改造提升传统产业,培育壮大新兴产业,提升绿色新动能上得到了很大发展。2019年,长沙市计划推动企业智能化改造"扩面",明确"扩面"企业新增136家,总数达到600家。长沙市2015年发布《智能制造三年行动计划》,围绕22个产业链条开展智能制造试点示范;2017年,重新制定《建设国家智能制造中心三年行动计划》;2018年,推出《支持工业企业智能化技术改造的若干政策》。在政策引导下,长沙市率先开展智能制造示范,并不断推动技术创新,抢占智能制造战略领域和创新生态制高点,为推动智能制造提供充足动力。

引进人才和优势企业,推进科技创新。长沙市瞄准新一代人工智能产业发展高地,重点支持智能传感器、智能芯片、图像视频识别、语音识别领域的技术攻关和关键技术转化应用,以及人工智能在智能机器人、智能制造、智能驾驶、智能医疗、智能家居、智能安防等领域广泛应用的相关人才与企业,推行了一系列政策措施。对新一代人工智能产业关键、紧缺技术人才团队,最高可给予1亿元项目支持;对行业内具有明显竞争优势和示范带动效应,且研发、生产、制造、服务等资本性支出不低于1亿元的企业或估值10亿美元以上的人工智能企业总部,最高给予实际完成投资额10%的奖励;加快新产业集聚长沙市高新区、雨花经开区、岳麓山国家大学科技城所打造的3个人工智能产业集聚园区,对入驻基地的新一代人工智能企业给予5年租金减免,每年根据企业孵化情况市财政给予基地500~1 000万元资金补助;为鼓励人工智能企业在智能机器人、智能制造、智能驾驶、智能医疗、智能家居、智能安防等领域发展,每年公开择优评定10~20个应用示范试点项目,最高可给予示范项目200万元奖励;对新认定的国家级、省级和市级重点实验室、工程(技术)研究中心、企业技术中心,分别给予200万元、100万元、50万元支持。

2. 显著提升医疗质量与服务水平

近年来,长沙市出台多项政策文件,不断提高医疗质量与服务水平,人均预期寿命从2011年的76.26岁上升到77.59岁,万人医院卫生院床位数由2011年的60.58张/万人增加到74.39张/万人。2018年12月,长沙市人民政府办公厅制定《长沙市建立健全现代医院管理制度实施方案》,坚持以人民健康为中心,落实卫生与健康工作方针,维护公立医院公益性;始终以医疗服务为主业,全面提升服务技术、创新服务举措、优化服务队伍。加强疾病预防和健康促进,聚焦看病难,看病贵问题,深化医疗、医保、医药联动改革,全面推进长沙市医疗纵向改革。坚持改革、发展和管理相结合,不断提升医疗服务质量,实现社会效益与运行效率有机统一;公共卫生服务网络全覆盖,完善多元办医格局,推进医疗服务供给侧结构性改革,实现医院治理体系和管理现代化,加快推进健康长沙建设。

3. 全面提升文化教育设施与水平

近年来,长沙市坚持教育优先、优质发展,着力加强教育强市建设,人均预期受教育年限从2011年的9.96年上升到2017年的15.65年,万人学校数量持续增多。《长沙市推进义务教育优质均衡发展五年行动计划(2018—2022)》提出,要以合格学校建设作为推进教育公平和教育均衡发展的突破口,投入大量资金建设合格小、中、大学。2017年底,长沙市各区县(市)义务教育优质发展总达成度的加权平均值为82%,其中小学

81.1%,初中 83.4%。

4. 深入推进生态环境治理

为实现生态可持续发展目标,切实打好生态环保攻坚战,长沙市出台《长沙市生态环境系统全面推行行政执法"三项制度"的实施方案》《长沙市环境保护工作责任规定(试行)》《长沙市湘江流域水污染防治条例》等多项文件,修改完善《长沙市境内河流生态补偿办法》和《境内河流生态补偿实施细则》,生态补偿到位资金 1 800 万元;下发《关于全面推行河长制的实施意见》《长沙市贯彻落实〈水污染防治行动计划〉实施方案(2016—2020年)》《2017 年度长沙市水污染防治实施方案》《长沙市"强力推进环境的治理 坚决打赢蓝天保卫战"三年行动计划》《长沙市污染防治攻坚战 2018 年度工作方案》等一系列文件,为长沙市生态文明发展提供了良好的制度保障。

长沙市积极贯彻落实绿色发展理念,把"党政同责""一岗双责"具体化,将生态环境保护责任落实情况纳入全市年度绩效考核重要内容,制定实施《长沙市较大环境问题(事件)责任追究办法(试行)》,初步构建了分解明责、监督履责、失职问责的责任体系;2011—2017 年,长沙市人均二氧化硫排放量、人均氨氮排放量呈逐年下降趋势。

8.3 可持续发展典型项目

8.3.1 青岛市典型项目

1. 中德生态园

中德生态园位于青岛市西海岸新区,占地面积约 1 079 平方公里,2017 年完成地区生产总值 10 亿元,同比增长 43%。园区作为双边政府合作典范,肩负着引进国外先进技术理念、加快新动能转换、引领青岛市可持续发展的重任。目前,中德生态园通过积极探索、推行绿色发展模式,已被授予全国首批新能源示范园区、国家绿色生态示范城区、全国智慧城市试点、国家级综合标准化示范园区等称号。

中德生态园为青岛市加速新旧动能转换提供了范例。园区全面贯彻"创新、协调、绿色、开放、共享"发展理念,认真落实国家生态文明建设、新型城镇化和低碳城市建设的战略部署,加强绿色低碳发展的创新实践,积极探索发现未来城市绿色低碳发展的科学路径。在规划建设过程中,园区坚守生态发展理念及自身定位,结合资源环境条件,实施生态保护与修复,将本区生态规划建设纳入城市规划与综合管理体系,并与区域空间规划和建设全面衔接,建立以绿色发展为核心的规划体系和涵盖资源、环境、经济、社会四大领域的生态指标体系,明确生态底线与生态建设指标,引导、控制建设行为,保证生态、生产、生活空间的协调。从被动生态保护转向主动协作治理和可持续园区建设,将生态理念融入城市空间规划的全过程,丰富规划编制内容,在完善城市规划的同时,保证生态发展目标的实现。

园区秉承可行性、可持续、适宜性三大原则,选择入园企业,引入新兴特色产业。首先,核实园区基础条件,判断迁入产业布局生产力的可能性;其次,坚持"三个不要",进而强化生态标准、培育绿色产业、重视具有核心竞争力的项目;最后,考虑产业适宜性,考察园区对所承接产业的吸收消化和创新能力,判断能否形成特色产业优势。目前,园区已逐步形成以工业4.0和六大特色产业基地重点项目,以及以智能制造产业、高端装备产业、新能源新材料产业、生命健康产业为核心,多项目同步推进建设的"4+N"产业体系。

2. 西海岸特色小镇

当前,特色小镇已成为青岛市旅游业态中新的经济增长点和经济发展的新引擎。西海岸新区特色小镇紧紧围绕自身产业、区位、资源优势,秉持区域间不重复、不雷同原则,全面打造12个特色小镇,分别是"北茶古镇"海青镇、"油画名镇"张家楼镇、"千年古郡"琅琊镇、"工贸强镇"大场镇、"新港城"泊里镇、"旅游强镇"藏南镇、"智纺名镇"王台镇、"菇香小镇"大村镇、"交通枢纽"铁山镇、"花果林海"六汪镇、"花果之乡"宝山镇、"美食小镇"胶河经济区。12处小镇互相补充,互相依托,根据功能和资源组成分成工业主导型、旅游服务型、贸流通型、特色产业型和交通枢纽型五大类,避免同质化竞争。

西海岸新区政府颁布《关于加快特色小镇建设的实施意见》,充分调动社会各界的积极性,全面加快特色小镇建设。首先,专门成立了特色与产业小镇建设领导小组办公室,领导小组办公室会同城管局建立了城镇监管联动机制,定期检查指导;其次,各特色小镇建立了长效管理机制和管理体系,各镇成立了专门的镇容环境管理工作机构负责日常管理工作,在环境卫生与绿化、公共秩序与安全、公共设施和商业经营等方面加强管理;第三,贯穿以产兴镇、产城融合理念,统一规划、统一基础设施与公共服务设施的高水平建设,大力提高生态文明建设,将生态优先、美丽宜居的理念融入建设的各方面和全过程,避免出现片面强调经济增长,商业化气息浓重的不良倾向;第四,坚决贯彻落实国家候选特色小镇"五个无"条件要求,确保按照近五年无重大安全生产事故、无重大环境污染、无重大生态破坏、无重大群体性社会事件、无历史文化遗存破坏现象。通过优化和提升小镇公共服务和管理,全面建设和保持特色小镇宜居、宜游、宜商的绿色生态环境。

以西海岸新区为标杆,到2020年,青岛市将建成50个产业特色鲜明、人文气息浓厚、生态环境优美、生产生活融合的特色小镇。特色小镇建设,为青岛市城乡融合发展和城市可持续发展提供了有益经验,逐步成为青岛市构建新型旅游发展格局的新趋势[①]。

8.3.2 长沙市典型项目

1. 长沙市国家高新技术产业开发区

长沙市国家高新技术产业开发区(简称长沙市高新区)创建于1988年,是经国务院批准的全国首批国家级高新区,2014年成功获批为全国第6个国家自主创新示范区,是长株潭国家"两型社会"建设综合配套改革试验区、长株潭国家自主创新示范区、国家级湖南湘江新区和长株潭衡国家智能制造试点示范区四大国家战略平台的核心区,也是全省唯一的国家海外高层次人才创新创业基地和全国第9个"侨梦苑"。目前,长沙市高新区规划总面积达140 km^2,托管麓谷、东方红、雷锋、白马4个街道,辖区常住人口近40万,是全市唯一兼有产业功能、城市功能和社会管理多重职能的园区。

2018年,全区实现企业总收入3 602.2亿元,增长12.5%;规模工业增加值增长10%;完成固定资产投资217.5亿元,增长12.3%;完成财政总收入175.84亿元,增长75.4%;实现高新技术产值1 691亿元,完成进出口总额36亿美元,在全国168个国家高新区综合评价排名中位居第12位,在"中国产业园区竞争力100强"排行榜中位居第10位,是全省唯一进入前10的产业园区,牢牢站稳发展的第一方阵。

长沙市高新技术开发区围绕培育新兴产业和做大做强高新技术产业,形成了以先进装备智能制造、以移动互联网为主的新一代电子信息、节能环保与新能源产业为主导产业,新材料、生物医药与健康和现代服务业等优势产业,以及北斗应用、装配式建筑、航空航天、增材制造等新兴产业"多点支撑"的产业格局。湖南省90%的移动互联网企业、80%的医疗器械企业汇聚麓谷,主导产业总产值跨入千亿级阵营,达到1 075.6亿元,对经济增长的贡献率突破80%。新经济蓬勃发展,航空航天(含北斗)、增材制造、移动互联网4大优势产业链上规模企业数量占全市的四分之三以上,长沙市区块链产业园落户麓谷,和支付产业园助力长沙市打造"移动互联网支付第三城",连续5年举办了互联网岳麓峰会,形成了"冬有乌镇,春有岳麓"的品牌效应。

2. 望城区国家可持续发展实验区

在建设可持续发展实验区方面,望城区具有国家级经济技术开发区、国家农业科技园区、国家高新技术产业化基地等条件优势。望城区作为湖南省唯一一个全境纳入长

---

① 周娟.青岛市特色小镇建设新态势分析与对策建议[J].中国海洋经济,2018(01):65-85.

株潭两型改革综合配套试验区的县区,近年来一直将科技创新、可持续发展作为发展战略,重点在加强企业自主创新能力方面给予政策、资金、技术方面的支持,有效提升了科技的支撑引领水平,有力地助推了先进制造业转型腾飞。2017年,高新技术产业增加值229亿元,占GDP比重达到34.7%。望城区坚持可持续发展理念,强化城乡统筹、加快均衡发展,紧紧围绕"建设特色村镇群落、引领城乡一体发展、加快实现新型城镇化"主题,在城乡统筹、特色小镇、美丽乡村等方面进行了一系列的有益探索,形成了独具特色的"望城模式",在创新驱动、民生改善、资源环境、经济发展等方面取得显著成效,实现了经济社会全面、协调、可持续发展。

"科技+"推进望城区特色村镇功能提升和协调发展。节地、节能、节水、节材和环保技术在村镇建设中不断加强应用示范,建设田园综合体带动村镇与产业深度融合,科技文化融合推动公共文化资源共享,以"全域治理、城乡并重"理念推进城乡环卫设施标准化建设。望城区将每年新增财力的80%用于民生,5%用于困难群众帮扶工作,民生支出保障水平位居全省前列,污水处理设施实现乡镇全覆盖,城市公交体系向乡镇延伸,"城区15分钟、农村30分钟"医疗圈基本形成,城乡居民养老和医疗保险实现全覆盖,扶贫济困步入常态化。

表 索 引

表 2-1	城市生态文明发展指数和城市生态投入指数	16
表 2-2	城市可持续发展分类分区及其特征	19
表 2-3	城市可持续发展模式与改进方式	23
表 2-4	城市生态文明发展分项指标数据来源	32
表 2-5	城市生态投入分项指标计算方法及数据来源	33
表 3-1	中国 35 个大中城市生态投入指数及分项指标排名(2017 年)	40
表 3-2	中国 35 个大中城市生态投入水平分级(2017 年)	42
表 3-3	中国 35 个大中城市资源消耗指标及分项指标排名(2017 年)	44
表 3-4	中国 35 个大中城市污染排放指标及分项指标排名(2017 年)	48
表 3-5	中国 35 个大中城市在八大综合经济区的分布情况	52
表 3-6	中国 35 个大中城市生态文明发展指数及分项指标排名(2017 年)	55
表 4-1	中国 35 个大中城市可持续发展四区分类(2017 年)	62
表 4-2	中国 35 个大中城市可持续发展演化轨迹分类(2011—2017 年)	65
表 5-1	中国 35 个大中城市生态投入指数、生态文明发展指数、可持续发展效率及排名(2017 年)	71
表 5-2	城市可持续发展效率分类标准	74
表 6-1	中国 35 个大中城市可持续发展效率变动及排名(2011—2017 年)	80
表 7-1	中国 35 个大中城市可持续发展模式(2017 年)	86
表 7-2	Ⅰ区城市可持续发展效率及改进量(2017 年)	89
表 7-3	Ⅱ区城市可持续发展效率及改进量(2017 年)	90
表 7-4	Ⅲ区城市可持续发展效率及改进量(2017 年)	91
表 7-5	Ⅳ区城市可持续发展效率及改进量(2017 年)	93

图 索 引

图 2-1　城市可持续发展两个半球理论模型 ·············· 12
图 2-2　城市两个半球的脱钩发展逻辑 ················· 13
图 2-3　城市可持续发展评估逻辑框架 ················· 14
图 2-4　城市可持续发展评估指标体系 ················· 17
图 2-5　城市可持续发展两轴-四区分类评估模型 ············ 18
图 2-6　城市可持续发展模式与改进方式 ················ 23
图 2-7　DEA效率的基本分析原理 ··················· 25
图 3-1　中国35个大中城市生态投入水平分级（2017年） ········ 43
图 3-2　中国35个大中城市水资源消耗分级（2017年） ········· 46
图 3-3　中国35个大中城市土地资源消耗分级（2017年） ········ 47
图 3-4　中国35个大中城市能源消耗分级（2017年） ·········· 48
图 3-5　中国35个大中城市水污染排放分级（2017年） ········· 50
图 3-6　中国35个大中城市空气污染排放分级（2017年） ········ 51
图 3-7　中国35个大中城市固体废物排放分级（2017年） ········ 52
图 3-8　基于经济区视角的城市生态投入指数排名分布（2017年） ···· 53
图 3-9　基于经济区视角的城市生态投入指数及分项指标值分布（2017年） ······· 54
图 3-10　中国35个大中城市生态文明发展水平分级（2017年） ····· 57
图 3-11　中国35个大中城市环境产出指标分级（2017年） ······· 58
图 3-12　中国35个大中城市社会产出指标分布排名（2017年） ····· 58
图 3-13　中国35个大中城市经济产出指标状况（2017年） ······· 59
图 3-14　基于经济区视角的城市生态文明发展指数排名分布（2017年） ·············· 60

图 3-15　八大综合经济区生态文明发展水平(2017 年) ……………………………… 61
图 4-1　中国 35 个大中城市可持续发展两轴-四区(2017 年) …………………… 63
图 4-2　中国 35 个大中城市可持续发展演化轨迹(2011—2017 年) …………… 66
图 4-3　"稳投入-增产出"型演化轨迹 …………………………………………… 67
图 4-4　"减投入-稳产出"型演化轨迹 …………………………………………… 68
图 4-5　"稳投入-稳产出"型演化轨迹 …………………………………………… 69
图 4-6　"增投入-增产出"型等其他演化轨迹 …………………………………… 70
图 5-1　中国 35 个大中城市可持续发展效率玫瑰图(2017 年) ………………… 73
图 5-2　中国 35 个大中城市可持续发展效率分级(2017 年) …………………… 75
图 5-3　中国 35 个大中城市可持续发展效率排名地区分布(2017 年) ………… 76
图 5-4　中国 35 个大中城市可持续发展效率排名地区分布(2014 年) ………… 77
图 5-5　基于城市群视角的城市可持续发展效率(2017 年) …………………… 78
图 6-1　中国 35 个大中城市可持续发展效率变动分布(2011—2017 年) ……… 83
图 6-2　经济区视角的城市可持续发展效率变化排名分布(2011—2017 年) …… 84
图 6-3　经济区视角的城市可持续发展效率变化分布(2011—2017 年) ………… 85
图 7-1　中国 35 个大中城市可持续发展模式(2017 年) ………………………… 87

中英文术语对照表

中文全称	英文全称	英文缩写
生态文明发展指数	Ecological Civilization Development Index	ECDI
生态投入指数	Ecological Input Index	EII
城市生态文明发展指数	Urban Ecological Civilization Development Index	UECDI
城市生态投入指数	Urban Ecological Input Index	UEII
城市资源消耗指标	Urban Resources Consumption Index	URCI
城市污染排放指标	Urban Pollution Discharge Index	UPDI
经济产出指标	Economic Output Index	ECOI
社会产出指标	Social Output Index	SOI
环境产出指标	Environmental Output Index	ENOI
人均绿地面积	Green Area Per Capita	GA_{pc}
综合教育指标	Comprehensive Education Index	CEI
平均受教育年数指标	Mean Years of Schooling Index	MYSI
预期受教育年数指标	Expected Years of Schooling Index	EYSI
教育公共服务指标	Educational Public Service Index	EPSI
医疗指标	Medical Index	MI
预期寿命指标	Life Expectancy Index	LEI
医疗公共服务指标	Medical Public Service Index	MPSI
城乡收入差距指标	Urban-Rural Income Gap Index	URIGI
城乡居民可支配收入比	Ratio of Disposable Income for Urban and Rural Residents	URDIR
城市水资源消耗指标	Urban Water Consumption Index	UWCI
城市土地资源消耗指标	Urban Land Resource Consumption Index	ULRI

续 表

中文全称	英文全称	英文缩写
城市能源消耗指标	Urban Energy Consumption Index	UECI
城市水污染排放指标	Urban Water Pollution Index	UWPI
城市空气污染排放指标	Urban Air Pollution Index	UAPI
城市固体废物排放指标	Urban Solid Waste Index	USWI
城市水污染化学需氧量排放量	COD of Urban Water Pollution	UWP_{COD}
城市水污染氨氮排放量	N-NH$_4$ of Urban Water Pollution	$UWP_{N\text{-}NH_4}$
城市大气污染物二氧化硫	SO$_2$ of Urban Air Pollution	UAP_{SO_2}
城市大气污染物氮氧化物	NO$_x$ of Urban Air Pollution	UAP_{NO_x}
城市工业固体废弃物	Ind of Urban Solid Waste	USW_{Ind}
城市生活垃圾清运量	Hh of Urban Solid Waste	USW_{Hh}